KOCHEN MIT WILDKRÄUTERN

WALTRAUD WITTELER
ANDREAS MEIER

KOCHEN MIT WILDKRÄUTERN

BLUMEN & BLÜTEN, WURZELN, PILZE, FRÜCHTE & BEEREN

NEUE AROMEN – 80 REZEPTE

FOTOS VON MARIA FLOR

CHRISTIAN VERLAG

DANKSAGUNG

Besonderer Dank gilt Herrn Albert Aulinger, geschäftsführender Direktor des *Hotel Admira* in Weiden i.d. Oberpfalz. Von ihm kam die Anregung zu diesem Buch, und er stellte uns in großzügiger Weise die Küche des zum Hotel gehörenden *Restaurant Lobster* zur Verfügung.

Waltraud Witteler, Andreas Meier, Maria Flor

Die Originalausgabe erschien erstmals 2008
im Christian Verlag GmbH, München.

www.christian-verlag.de

Text: Waltraud Witteler
Rezepte: Andreas Meier
Fotos: Maria Flor © Christian Verlag

Redaktion: Tanja Germann
Fachliche Beratung: Dr. Jens-Uwe Voss
Korrektur: Petra Tröger
Satz und Layout: WIGEL, München
Umschlaggestaltung: Petra Lüer
Lithografie: Reproline Genceller, München

Druck und Bindung: EGEDSA
Printed in Spain

ISBN 978-3-88472-798-0

WICHTIGER HINWEIS

Wenn Sie Gesundheitsprobleme haben oder unter Allergien leiden, sollten Sie unbedingt Ihren Arzt konsultieren, bevor Sie die in diesem Buch vorgestellten Rezepte probieren oder Ratschläge daraus befolgen. Alle Ratschläge, Informationen, Hinweise, Empfehlungen und Rezepte wurden von den Autoren und vom Verlag mit größtmöglicher Sorgfalt überprüft. Unter Berücksichtigung des Produkthaftungsrechts müssen wir allerdings darauf hinweisen, dass inhaltliche Fehler oder Auslassungen nicht völlig auszuschließen sind. Für etwaige fehlerhafte Angaben oder gesundheitliche Schäden, die durch die Befolgung der Ratschläge in diesem Buch entstehen, können Autoren, Verlagsmitarbeiter und Fotograf keinerlei Verpflichtungen oder Haftung übernehmen. Korrekturhinweise sind jederzeit willkommen und werden gerne berücksichtigt.

INHALT

REGELN ZUM SAMMELN VON WILDPFLANZEN

- 1. Für Wildpflanzen gilt dieselbe Regel wie für Pilze: Grundsätzlich nur das sammeln, was man ganz sicher kennt (bitte das jeweilige Pflanzenporträt vorab sorgfältig lesen, um herauszufinden, welche Teile der Pflanze überhaupt essbar sind).

- 2. Stark umweltbelastete Standorte wie Straßenränder, Schuttplätze, häufig frequentierte Parks als Sammelstelle meiden.

- 3. Nur gesunde Pflanzenteile verwenden. Durch Pilzbefall, Fäulnis oder Parasiten geschädigte Pflanzen gehören nicht auf den Teller.

- 4. Bei Pflanzen, die man roh verzehren möchte, sollte man die Gefahr des Fuchsbandwurms bedenken. Auf alle Fälle sehr gut waschen, notfalls darauf verzichten.

- 5. Die gesammelten Pflanzen möglichst frisch verwenden, um die Vitamine zu nutzen und das Aroma zu bewahren.

- 6. Die meisten Pflanzen sind nur in jungem Zustand zu sammeln. Durch das Altern werden viele hart oder bitter im Geschmack.

- 7. Beim Sammeln unbedingt die Regeln des Naturschutzes einhalten und daran denken, dass Blüten und Samen der Fortpflanzung dienen und in freier Natur nur in Ausnahmefällen in größeren Mengen gesammelt werden sollen.

VORWORT

Waltraud Witteler

Die Natur entdecken, erkunden, nutzen und genießen – das möchten wir Ihnen mit diesem Buch im wahrsten Sinne des Wortes schmackhaft machen!

Alleine die überaus große Vielfalt der Arten ist überwältigend, und dennoch gelingt es sogar ohne botanische Vorkenntnisse ganz leicht, einzelne Pflanzen zu erkennen. Schon ein bewusster Blick in eine Wiese genügt und wir sehen, dass dort längst nicht nur Gras wächst, sondern jede Wiese anders aussieht, anders duftet, ihr Kleid mit den Jahreszeiten wechselt – und wenn wir uns darauf einlassen, erleben wir beim Spazierengehen eine Fülle von Sinneseindrücken. Wir freuen uns an den einzelnen Pflanzen, weil wir sie erkennen und etwas über sie wissen. So sensibilisiert, schärft sich unser Blick zunehmend und durch aufmerksame Beobachtung wird sich die Natur teilweise selbst erklären, sie wird uns aber auch zunehmend neugierig machen: Wunderschön gefärbte Blütenblätter dienen oft der Anlockung von Insekten, deren Besuch wiederum dient der Befruchtung und damit der Erhaltung und Verbreitung der Art. Ähnlich verhält es sich häufig mit dem Verströmen eines Duftes, der Insekten anlocken oder auch Schädlinge fernhalten kann. Es ist ein großes Vergnügen, das Wunder der Natur für sich selbst zu entdecken und genau hinzuschauen. Begeistert lernen wir, dass wir uns die intensiven Aromen und sekundären Pflanzenstoffe, die in so manch unscheinbarem oder gar verärgert ausgerissenem Pflänzchen stecken, auf vielfältige Art zunutze machen können.

Beim Entdecken und beim Ernten, beim aktiven Erleben und ganz besonders beim kulinarischen Genießen der Wildpflanzen, Blumen, Beeren, Pilze und dem vermeintlichen Unkraut aus dem Garten will Ihnen dieses Buch eine Hilfe sein – in der Hoffnung, dass wir uns der Bedeutung und des Wertes der Natur bewusst werden und entsprechend respektvoll mit ihr umgehen.

BOT. NAMEN	DEUTSCHE NAMEN	APRIL	MAI	JUNI	JULI	AUGUST	SEPTEMBER	OKTOBER	NOVEMBER
Achillea millefolium	GEMEINE SCHAFGARBE	🍃	🍃	🍃❀	❀	❀	❀	❀	
Aegopodium podagraria	GIERSCH, GEISSFUSS	🍃	🍃❀	🍃❀	🍃❀	🍃	🍃	🍃	
Alchemilla xanthochlora	FRAUENMANTEL	🍃	🍃	❀	❀	❀	❀		
Alliaria petiolata	KNOBLAUCHSRAUKE	🍃	🍃			⸙	⸙	⸙	
Allium ursinum	BÄRLAUCH	🍃	🍃❀	❀					
Bellis perennis	GÄNSEBLÜMCHEN	❀	❀	❀	❀	❀	❀	❀	❀
Borago officinalis	BORRETSCH				❀	❀	❀		
Brassica napus	RAPS		🍃❀			🍃❀	🍃❀		
Calendula officinalis	RINGELBLUME			❀	❀	❀	❀	❀	
Campanula	GLOCKENBLUME			❀	❀	❀	❀		
Carum carvi	WIESENKÜMMEL				⸙	⸙	⸙	⸙	
Centaurea cyanus	KORNBLUME			❀	❀	❀	❀		
Chenopodium album	WEISSER GÄNSEFUSS		🍃	🍃	🍃	🍃			
Chenopodium bonus-henricus	GUTER HEINRICH		🍃	🍃	🍃	🍃	🍃		
Cornus mas	KORNELKIRSCHE						⸙	⸙	
Crataegus	WEISSDORN, MEHLBEERE							⸙	⸙
Dahlia	DAHLIE				❀	❀	❀	❀	
Daucus carota	WILDE MÖHRE		⫰	⫰	❀	❀	❀	⸙	
Epilobium	WEIDENRÖSCHEN	🍃							
Fagus sylvatica	BUCHE, ROTBUCHE							⸙	
Fallopia japonica	JAPANISCHER STAUDENKNÖTERICH	⫯	⫯			❀	❀		
Filipendula ulmaria	ECHTES MÄDESÜSS				❀	❀			
Fragaria vesca	WALDERDBEERE			⸙	⸙	⸙			
Galinsoga parviflora	FRANZOSENKRAUT, KLEINBLÜTIGES KNOPFKRAUT			🍃	🍃	🍃	🍃		
Galium	LABKRAUT		🍃	❀	❀	❀			
Galium odoratum	WALDMEISTER		🍃						
Geranium	STORCHSCHNABEL			❀	❀	❀	❀		
Geum urbanum	ECHTE NELKENWURZ	⫰	⫰			⫰	⫰	⫰	⫰
Gladiolus	GLADIOLE					❀	❀		
Glechoma hederacea	GUNDELREBE, GUNDERMANN	🍃❀	🍃❀						
Helianthus tuberosus	TOPINAMBUR, KNOLLIGE SONNENBLUME						❀⫰	⫰	
Hemerocallis	TAGLILIE			❀	❀				
Heracleum sphondylium	WIESEN-BÄRENKLAU	🍃	🍃❀	❀					
Humulus lupulus	HOPFEN	⫯	⫯						
Hypericum perforatum	JOHANNISKRAUT			❀	❀	❀			
Impatiens glandulifera	DRÜSIGES SPRINGKRAUT				❀	❀	❀		
Lamium (album)	(WEISSE) TAUBNESSEL	🍃	🍃❀	🍃❀					
Leucanthemum vulgare	MARGERITE, WUCHERBLUME			❀	❀	❀			
Lonicera periclymenum	JELÄNGERJELIEBER, WALD-GEISSBLATT			❀					
Lycoperdon perlatum	FLASCHENBOVIST, FLASCHENSTÄUBLING	⫯			⫯	⫯	⫯		

BOT. NAMEN	DEUTSCHE NAMEN	APRIL	MAI	JUNI	JULI	AUGUST	SEPTEMBER	OKTOBER	NOVEMBER
Malva sylvestris	WILDE MALVE			❀	❀	❀	❀		
Matricaria recutita	ECHTE KAMILLE			❀	❀	❀			
Nasturtium officinale	BRUNNENKRESSE	🍃	🍃				🍃	🍃	
Origanum vulgare	ECHTER DOST, WILDER MAJORAN					🍃❀	🍃❀	🍃❀	
Oxalis acetosella	WALDSAUERKLEE	🍃❀	🍃	🍃					
Papaver rhoeas	KLATSCHMOHN			❀	❀				
Pelargonium	PELARGONIE, GERANIE			❀	❀	❀	❀	❀	
Picea abies	FICHTE, ROTTANNE		🍃	🍃					
Plantago lanceolata	SPITZWEGERICH			🍃	🍃	🍃	🍃		
Plantago major	BREITWEGERICH				🍃	🍃			
Portulaca oleracea	PORTULAK			🍃	🍃	🍃	🍃		
Primula vulgaris	PRIMEL, SCHLÜSSELBLUME	❀							
Prunus spinosa	SCHLEHDORN	❀							⚘
Pulmonaria officinalis	LUNGENKRAUT	❀							
Ranunculus ficaria	SCHARBOCKSKRAUT, FEIGWURZ	🍃							
Robinia pseudoacacia	ROBINIE, FALSCHE AKAZIE			❀					
Rosa canina	HECKENROSE, HUNDSROSE, HAGEBUTTE			❀			⚘	⚘	
Rumex acetosa	SAUERAMPFER		🍃	🍃	🍃		🍃	🍃	
Salvia pratensis	WIESENSALBEI			🍃❀	🍃❀				
Sambucus nigra	SCHWARZER HOLUNDER		❀	❀			⚘		
Sanguisorba minor	PIMPINELLE, KLEINER WIESENKNOPF		🍃	🍃	🍃	🍃	🍃	🍃	
Sanguisorba officinalis	GROSSER WIESENKNOPF		🍃	🍃	🍃❀	❀	🍃❀	🍃	
Sedum telephium	FETTE HENNE, FETTHENNE		🍃	🍃	🍃	🍃	🍃		
Solidago canadensis	KANADISCHE GOLDRUTE					❀	❀		
Sparassis crispa	KRAUSE GLUCKE						⇑	⇑	
Stellaria media	VOGELMIERE		🍃	🍃	🍃	🍃	🍃	🍃	
Tagetes	TAGETES, STUDENTENBLUME			🍃❀	🍃❀	🍃❀	❀	❀	
Taraxacum officinale agg.	LÖWENZAHN	🍃	🍃❀						
Trifolium pratense	ROTKLEE, WIESENKLEE			❀	❀	❀			
Trifolium repens	WEISSKLEE			❀	❀	❀			
Tropaeolum majus	KAPUZINERKRESSE			🍃❀	🍃❀	⚘🍃❀	⚘🍃❀		
Tussilago farfara	HUFLATTICH	❀							
Urtica dioica	GROSSE BRENNNESSEL	🍃	🍃	🍃		⚘	⚘		
Vaccinium vitis-idaea	PREISELBEERE						⚘	⚘	
Veronica beccabunga	BACHBUNGE		🍃	🍃					
Viola odorata	MÄRZVEILCHEN	❀							
Viola tricolor	STIEFMÜTTERCHEN		❀	❀	❀	❀	❀	❀	❀

ERNTEZEITEN FÜR : 🍃 BLÄTTER, ZARTE TRIEBE ❀ BLÜTEN ⚘ SAMEN, FRUCHT ↓ WURZEL ⇑ SPROSS

REZEPTE

VORSPEISEN

SALATE

KLEINE GERICHTE

SOMMERBLÜTENBOWLE

Für 2 Liter Bowle

- 2 Blütenzweige Labkraut
- 2 Blütenzweige Giersch
- 1 Blütenzweig Mädesüß
- 2 Zweige frische Pfefferminze
- 1 Zweig frische Melisse
- ½ unbehandelte Zitrone
- 1 l stilles Mineralwasser
- 1 l kohlensäurehaltiges Mineralwasser

- Die gewaschenen Blüten- und Kräuterzweige mit Küchengarn oder einem sauberen, nicht ausfärbenden Faden zu einem Strauß binden und in ein Bowlengefäß legen.
- Die Zitrone mit heißem Wasser von der Wachsschicht befreien, in feine Scheiben schneiden und über die Blüten legen. Mit dem stillen Wasser aufgießen und 10–15 Minuten kühl stellen.
- Den Blumenstrauß herausnehmen. Kohlensäurehaltiges Mineralwasser zugeben und die Bowle als erfrischendes Sommergetränk servieren.

Tipp
Für eine süße Variante für Kinder und alle, die es weniger herb lieben: den Blütenzweig Mädesüß weglassen und durch 2–3 zusätzliche Blütenzweige Labkraut ersetzen. Außerdem dem Ansatz noch knapp 150 g braunen Zucker beigeben.

PELARGONIENCOCKTAIL

Für 200 ml Sirup

- 1 Handvoll Blätter von der Duftgeranie
- 100 g Zucker
- 150 ml Apfelsaft
- ein Spritzer frischer Zitronensaft
- eisgekühlter Sekt oder Prosecco

- Den Zucker karamellisieren lassen, mit Apfelsaft ablöschen. Die Duftgeranienblätter darin kurz erhitzen und mit dem Zitronensaft abschmecken.
- Das Ganze mit einem Pürierstab pürieren und durch ein feinmaschiges Sieb filtern.
- Um den Geraniensirup haltbarer zu machen, erneut erhitzen, aber nicht kochen. Den Sirup heiß in eine sterilisierte Flasche füllen. Der Sirup kann etwa 1 Woche im Kühlschrank aufbewahrt werden.
- Je nach Geschmack etwas Sirup in ein Sektglas geben und mit eisgekühltem Sekt oder Prosecco auffüllen.

RAPSBLÜTENCREMESUPPE

Für 4 Personen
- 200 g Rapsblüten
- 1 Zwiebel, klein gewürfelt
- 50 g Butter
- 400 ml Fleischfond
- 200 ml Sahne
- Salz, Pfeffer

Garnitur
- einige Rapsblüten
- etwas Kürbiskernöl

- Die Zwiebelwürfel mit den Rapsblüten kurz in Butter anschwitzen, mit Fleischfond und Sahne ablöschen und etwa 10 Minuten köcheln lassen. Mit Salz und Pfeffer abschmecken und pürieren.
- Die Suppe mit Rapsblüten und Kürbiskernöl garniert servieren.

Tipp
Als Alternative können Sie diese Suppe auch mit Gladiolenblüten garnieren und das Kürbiskernöl weglassen.

MEHLBEERENSUPPE

Für 4 Personen
- 750 g Mehlbeeren
- 800 ml Fleischfond
- 150 ml Portwein
- 1 Zwiebel, fein gewürfelt
- 50 g Butter
- 1 Chilischote, fein gehackt
- Salz, Pfeffer
- frischer Knoblauch

Garnitur
- Stiefmütterchenblüten

- Die Mehlbeeren im Tiefkühlfach leicht anfrieren, es sei denn, sie sind erst nach dem ersten Frost gesammelt worden.
- Den Fleischfond zusammen mit dem Portwein auf 400 ml kräftig einkochen lassen.
- Die Zwiebel in einem Topf in der Butter anschwitzen, Mehlbeeren zugeben und mit dem Fleischfond auffüllen. Die Chilischote zugeben und einige Minuten kochen lassen. Die Suppe mit einem Pürierstab pürieren und durch ein Sieb streichen. Bei Bedarf mit etwas Fond oder Wasser strecken. Mit Salz, Pfeffer und ein wenig Knoblauch abschmecken.
- Mit Stiefmütterchenblüten garniert servieren.

Für 4 Personen

- 300 g frische Spitzwegerichblätter
- 50 g Zucker
- 500 ml Fleischfond
- 300 ml Sahne
- 150 g Butter
- Salz, Pfeffer

Garnitur

- 4 Spitzwegerichblätter

SPITZWEGERICH-CREMESUPPE

- Spitzwegerich waschen, grob hacken. Zucker in einem Topf karamellisieren und mit der Hälfte des Fleischfonds ablöschen.
- Den Spitzwegerich zugeben. Mit Sahne und dem restlichen Fond auffüllen und pürieren. Die Suppe aufkochen, mit Salz und Pfeffer abschmecken. Die Butter mit einem Pürierstab rasch unterziehen.
- Die Suppe durch ein Sieb passieren und erneut erwärmen. Mit einem Spitzwegerichblatt garniert servieren.

Tipp

Als Farbtupfer je eine Scheibe violette Kartoffel und einen Streifen Karotte frittieren und die Suppe damit schmücken.

Für 4 Personen

- 50 g getrocknete Spitzwegerichblätter
- 4 große Jakobsmuscheln
- 1 l Rinderfond
- 2 TL brauner Zucker
- 1 TL Mehl
- 1 EL Olivenöl
- Salz, Pfeffer

SPITZWEGERICHESSENZ MIT JAKOBSMUSCHELN

- Den Fond aufkochen, stark reduzieren lassen (auf etwa 600 ml).
- Herd ausschalten, Spitzwegerich zugeben und zugedeckt 5 Minuten ziehen lassen. Durch ein Sieb oder Tuch filtern und erneut erhitzen. Mit Zucker, Salz und Pfeffer abschmecken.
- Jakobsmuscheln salzen und pfeffern, leicht mit Mehl bestäuben und in Olivenöl bei mittlerer Hitze auf beiden Seiten anbraten.
- Bei schwacher Hitze etwa 5 Minuten ziehen lassen. Muscheln halbieren und zum Servieren in die Suppe legen.

Tipp

Der getrocknete Spitzwegerich schmeckt intensiver als frischer. Zum Trocknen die frischen Blätter waschen, trocken tupfen und im Backofen bei 50 °C und spaltbreit geöffneter Ofentür auf einem mit Backpapier belegten Blech flach ausgebreitet 30 Minuten trocknen lassen. Prüfen, ob die Blätter trocken sind, damit kein gesundheitsschädlicher Schimmel entsteht.

Für 4 Personen

- 300 g Bachbunge (nur die oberen Spitzen, da der untere Teil bitter schmeckt)
- zwei Handvoll Blütenblätter von Dahlien
- einige Pelargonienblütenblätter
- 4 große rote Kartoffeln (Highland Burgundy Red)

Dressing
(ergibt etwa 500 ml)

- ½ cm Ingwer
- 100 ml weißer Balsamico
- 75 ml Fleischfond
- 100 ml Rapsöl
- 25 ml Sherryessig
- 75 ml Sesamöl
- 150 ml Olivenöl
- 25 ml Bärlauchöl
- 50 g Zucker
- 25 ml Limonenöl (siehe Tipp)
- Salz
- frischer Knoblauch (je nach Geschmack)

BACHBUNGE AN ROTER KARTOFFEL UND DAHLIENBLÜTENSALAT

- Bachbunge und Dahlienblütenblätter in einem Sieb abbrausen, auf Küchenpapier abtropfen lassen.
- Die Kartoffeln in der Schale kochen, schälen und noch heiß in Scheiben schneiden.
- *Dressing*: Den Ingwer schälen und auf einer Muskatreibe fein reiben. Die weiteren Zutaten für das Dressing mit einem Pürierstab aufmixen.
- Die warmen Kartoffeln mit Salz und Pfeffer würzen und mit dem Dressing vorsichtig mischen. Erkalten lassen.
- Die Kartoffelscheiben mit den Blütenblättern der Pelargonien und den Bachbungenspitzen garnieren, in der Tellermitte die Dahlienblütenblätter anrichten, etwas Dressing darübergeben und servieren.

Tipp

Wenn Sie kein Limonenöl bekommen, geben Sie ½ TL Schalenabrieb einer unbehandelten Zitrone in 25 ml Öl und lassen es einige Tage durchziehen. Vor dem Verwenden durch ein kleines Sieb filtern.
Das Dressing ist im Kühlschrank bis zu 14 Tage haltbar und schmeckt auch zu anderen Salaten sehr gut. In kleine Flaschen abgefüllt ist es ein hübsches kulinarisches Geschenk.

Lobster

GIERSCH, BÄRLAUCH, MÄRZVEILCHEN, GUNDELREBE *Aegopodium podagraria, Allium ursinum, Viola odorata, Glechoma hederacea*

Für 4 Personen

- 400 g zarte, hellgrüne Blätter vom Giersch, die erst aufzufächern beginnen, und
- Bärlauchblätter, im Verhältnis von etwa 2:1

Dressing

- Saft von 5 Limetten
- 50 ml Olivenöl
- 50 ml Pflanzenöl
- 75 ml Geflügelfond
- 2–3 EL Mandelöl
- Salz, etwas Zucker

Garnitur

- einige Blüten vom Märzveilchen und Blätter und Blüten von der Gundelrebe

BÄRLAUCH-GIERSCH-SALAT MIT LIMETTENVINAIGRETTE

- Die Kräuter waschen und trocken tupfen.
- Die Zutaten für das Dressing mit einem Pürierstab aufmixen.
- Alle Kräuter und Blüten als Salat anrichten und mit Dressing beträufelt servieren.

Tipp

Sie können auch andere essbare Blüten als Garnitur benutzen. Dazu passt ein toskanisches Weißbrot oder frisches Baguette und ein leichter, trockener Weißwein.

Für 4 Personen

- 400 g Giersch (junge, frisch nachgewachsene Blätter)

Dressing (ergibt etwa 400 ml)

- 100 ml weißer Balsamico
- 250 ml Olivenöl
- 50 ml Haselnussöl
- 1 EL Senf
- 1 Knoblauchzehe, sehr fein gehackt
- etwas Zucker, Pfeffer, Salz

Garnitur

- einige Gierschblüten
- einige Glockenblumenblüten
- einige Kornblumenblüten (nur die blauen Blütenblätter)

GIERSCH-BLÜTEN-SALAT

- Die Gierschblätter waschen.
- Alle Zutaten für das Dressing mit dem Pürierstab aufmixen.
- Die Gierschblätter und die verschiedenen Blüten als Salat anrichten und mit Dressing beträufelt servieren.

Tipp
Das Dressing kann in Flaschen abgefüllt werden und ist im Kühlschrank etwa 14 Tage haltbar.

Für 4 Personen

- 200 g Gierschblätter
- 200 g Sauerrahm
- Salz, Pfeffer
- etwas Limettensaft

GIERSCHDIP

- Gierschblätter waschen, abtrocknen und auf einem Brett mit einem Messer erst sehr fein hacken, dann mit etwas Salz im Mörser zerreiben, bis eine Paste entsteht.
- Diese Paste in den Sauerrahm geben und zu einer glatten Masse pürieren. Mit Salz, Pfeffer und einem Spritzer Limettensaft abschmecken.

Tipp
Der Dip eignet sich sehr gut zu verschiedenem Fingerfood, wie Frühlingsrollen oder gefüllten und frittierten Teigtäschchen oder zu gegrillten Fleischspießen. Alternativ – als vegetarisches Hauptgericht – servieren Sie eine heiße Folienkartoffel an einem bunten Salat aus Wildkräutern dazu.

Menge je nach Belieben und Angebot der Saison:

- Brunnenkresse, Sauerampfer, Frauenmantel, Bärlauchblüten und -blätter, Wiesenknopfblätter, Gundelrebeblätter und -blüten, Spitzwegerich, Giersch, Gänseblümchen, Taubnesseln

Dressing (ergibt etwa 450 ml)

- 15 ml Himbeeressig
- 80 ml Portwein
- 25 ml Estragonessig
- 100 ml Olivenöl
- 15 ml Balsamico
- 100 ml Sonnenblumenöl
- 50 ml Walnussöl
- 40 ml Sherry
- ¼ TL Senf
- 30 ml Geflügelfond
- Salz, Zucker

FRÜHLINGSBLATTSALAT MIT SHERRY–PORTWEIN–DRESSING

- Die Kräuter waschen.
- Alle Zutaten für das Dressing mit einem Pürierstab aufmixen.
- Die verschiedenen Kräuter und Blüten auf einer Platte als Salat anrichten und mit Dressing beträufeln.

Tipp

Dieser Salat eignet sich gut für ein Büfett, denn er sieht sehr hübsch aus (dann das Dressing separat reichen). Wird das Dressing nicht aufgebraucht, hält es sich in Flaschen abgefüllt im Kühlschrank etwa 14 Tage.

Für 4 Personen
- 320 g Sauerampfer
- 2 ausgelöste Wachteln (4 Brüste, 4 Schenkel)
- 50 g Zucker
- 100 ml Fleischfond
- 100 g kalte Butter
- frischer Zitronensaft
- Salz, Pfeffer, Öl

Spargelsalat
- 600 g weißer Spargel
- 30 ml Haselnussöl
- frischer Zitronensaft
- Salz, Pfeffer, Zucker

WACHTELN MIT SAUERAMPFER UND SPARGELSALAT

- Sauerampfer zupfen, waschen und in kochendem Wasser ganz kurz blanchieren, in eiskaltem Wasser abschrecken und auf einem Tuch abtrocknen lassen.
- Den Ofen auf 150–160 °C vorheizen. Die Wachtelteile würzen und in heißem Öl beidseitig anbraten. Im Ofen 5–7 Minuten fertig garen.
- Den Zucker in einer Pfanne karamellisieren lassen und mit dem Fond ablöschen. Die Butter einmixen und mit Salz, Pfeffer und ein wenig Zitronensaft abschmecken. Den Sauerampfer zugeben und langsam warm ziehen lassen.
- Den Spargel schälen und die Hälfte davon in Salzwasser bissfest kochen. Den restlichen Spargel längs in feine Streifen schneiden und mit Haselnussöl, Salz, Pfeffer, etwas Zitronensaft und wenig Zucker anmachen.
- Den gekochten Spargel aus dem Wasser nehmen, zu den roh angemachten Spargelstreifen geben und kurz durchschwenken.
- Nochmals mit Salz und Pfeffer abschmecken und den Spargelsalat mit Wachteln und Sauerampfer anrichten.

Für 4 Personen

- 1 frisches Lachsfilet (etwa 1 kg)

Beize für den Lachs

- 300 g Salz
- 200 g Zucker
- 30 g schwarze Pfefferkörner, grob zerstoßen
- 100 ml Limettenöl
- 100 ml Olivenöl
- 5 Limettenblätter, mittlere Blattader entfernt, die Blätter in feinste Streifen geschnitten
- 2 Stangen Zitronengras, das dickere Ende sehr fein gehackt
- 2 Zweige Rosmarin, die Nadeln fein gehackt
- 2 Knoblauchzehen, fein gehackt

Johannisbeervinaigrette

- 8 EL Johannisbeeressig
- 3 EL Kürbiskernöl
- 3 EL Traubenkernöl
- 6 EL Olivenöl
- ¼ TL Senf
- ⅛ l Gemüsefond
- etwas Zucker
- wenig Knoblauch
- Salz, weißer Pfeffer

Garnitur

- Schnittlauchblüten
- Bärlauchblüten
- Vogelmiere
- Dill

GEBEIZTER LACHS MIT VERSCHIEDENEN LAUCHBLÜTEN

- *Beize für den Lachs:* Die Zutaten für die Beize in einer Schüssel kräftig vermengen. Die Hälfte der Gewürzmischung auf eine Platte streuen, das Fischfilet darauflegen und mit der restlichen Gewürzmischung bedecken.
- Den Fisch mit Frischhaltefolie gut abdecken und mindestens 12 Stunden im Kühlschrank ruhen lassen.
- Filet aus der Beize nehmen, gründlich abwaschen und trocken tupfen. Wenn der Fisch zu salzig schmeckt, vor dem Servieren 1 Stunde in kaltes Wasser legen, trocken tupfen und bis zum Gebrauch in den Kühlschrank stellen.
- *Johannisbeervinaigrette*: Alle Zutaten mit einem Pürierstab aufmixen und die Vinaigrette abschmecken.
- *Garnitur*: Die Blüten säubern, den Dill zupfen.
- Das gebeizte Fischfilet in feine Scheiben schneiden, mit den verschiedenen Blüten und Kräutern garnieren, mit Johannisbeervinaigrette beträufeln und servieren.

Tipp

Fruchtessige bekommen Sie in vielen Feinkostgeschäften. Johannisbeeressig können Sie selbst herstellen, indem Sie 6 EL Essig mit 1 TL schwarzem Johannisbeergelee verrühren. Lassen Sie dann den Zucker bei den Vinaigrettezutaten weg.

WEIDENRÖSCHENSALAT IM KARTOFFELKÖRBCHEN

Für 4 Personen

- einige junge Weidenröschenpflanzen
- 10 violette Kartoffeln
- Öl zum Frittieren

Dressing
(ergibt etwa 480 ml, siehe Tipp)

- 100 ml Himbeeressig
- 50 ml Haselnussöl
- 10 ml Erdnussöl
- 10 ml Limonenöl
- 100 ml Gemüsefond
- 200 ml Olivenöl
- 25 g Zucker
- etwas frischer Knoblauch, durchgepresst
- 1 TL Senf
- Salz

Garnitur

- Huflattichblüten
- Primelblüten
- Lungenkrautblüten

- Die Weidenröschen gut säubern.
- Violette Kartoffeln schälen, durch einen Spiralschneider drehen. Die Spirale um einen Schöpflöffel wickeln und in heißem Fett frittieren.
- *Dressing:* Alle Zutaten mit einem Pürierstab aufmixen (siehe Tipp).
- Die Weidenröschen als Salat im Kartoffelring anrichten. Mit Dressing beträufeln und mit den Blüten garnieren.

Tipps

Sie können die Menge der Zutaten für das Dressing reduzieren, aber es schmeckt auch zu anderen Salaten sehr fein und ist bei Bedarf schnell zur Hand. Es kann in Flaschen abgefüllt werden und ist im Kühlschrank etwa 14 Tage lang haltbar.
Als Alternative zum frittierten Kartoffelring einfach gekochte Kartoffeln schälen, noch heiß in Scheiben schneiden und mit dem Dressing mischen.

TAGLILIE *Hemerocallis*

TAGLILIENKNOSPEN IN BALSAMICO-BUTTER

Für 4 Personen

- 400 g Taglilienknospen
- 2 EL Olivenöl
- 100 ml Fleischfond
- 50 ml Balsamico
- 150 g Butter
- Salz, Zucker

Garnitur

- Glockenblumen
- Springkrautblüten
- Wiesenknopfblätter
- Malvenblüten

- Die Taglilienknospen waschen, trocken tupfen und in einer Pfanne im Olivenöl leicht anbraten. Die Pfanne vom Herd nehmen und mit Fond und Balsamico ablöschen.
- Den Fond mit Butter abziehen, leicht salzen und mit etwas Zucker abschmecken.
- Auf einem Teller anrichten und mit Glockenblumen, Springkrautblüten, abgezupften Wiesenknopfblättern und Malvenblüten garniert servieren.

LÖWENZAHN–FLADENBROT

Für 4 Personen als Vorspeise
- 30 g zarte, junge Löwenzahnblätter
- 1 EL Koriandersamen
- 250 g Quark
- 200 g Mehl
- 150 ml Olivenöl

- Den Löwenzahn waschen und abtropfen lassen. Anschließend grob hacken. Die Koriandersamen im Mörser zerreiben. Den Backofen auf 200 °C vorheizen.
- Aus Quark, Mehl und Öl einen Teig bereiten, der die Konsistenz eines Pizzateigs haben sollte. Ist er zu fest, kann man etwas Öl zugeben, ist er zu weich, so verträgt er noch etwas Mehl. Den Koriander und den Löwenzahn dazugeben und gut einarbeiten.
- Den Teig ½ cm dick ausrollen und im vorgeheizten Ofen auf dem Blech (Mitte) etwa 20 Minuten backen.

Tipp
Das Fladenbrot lässt sich auch gut mit anderen Kräutern zubereiten. Verwendet man beispielsweise Tagetes, die recht würzig sind, sollte man weniger Koriander nehmen.

KRÄUTERWAFFELN MIT LAVENDEL–TOMATEN

Für 4 Personen als Vorspeise

Kräuterwaffeln
- 150 g Kräutermischung, z. B. aus Giersch, Vogelmiere, Brennnesseln und Gänsefuß
- 400 g mehligkochende Kartoffeln, gekocht
- 200 ml Milch
- 4 Eier
- 50 g Butter, zerlassen
- 250 g Mehl
- 2 Messerspitzen Backpulver
- 50 g Kartoffelstärke
- Salz, Pfeffer
- Butter für das Waffeleisen

Lavendel-Tomaten
- einige Lavendelblüten
- 400 g Kirschtomaten
- 1 Zwiebel, fein gehackt
- 50 g Butter
- 100 ml Gemüsefond
- Salz, Pfeffer, eine Prise Zucker

- *Kräuterwaffeln:* Die Kräuter waschen, trocken tupfen und fein hacken.
- Die gekochten Kartoffeln zerstampfen und mit Milch, Eiern und der Butter mit dem Handrührgerät verrühren.
- Das Mehl mit Backpulver und Kartoffelstärke mischen und nach und nach dazusieben, langsam unterrühren. Die Kräuter zugeben und den Teig mit Salz und Pfeffer abschmecken.
- Den Teig in einem gebutterten Waffeleisen knusprig ausbacken.
- *Lavendel-Tomaten:* Die Kirschtomaten waschen, halbieren und mit der Zwiebel in Butter anschwitzen. Mit Gemüsefond ablöschen, das Ganze etwas einkochen lassen.
- Mit Salz, Pfeffer, Zucker und den Lavendelblüten würzen.
- Die Kräuterwaffel jeweils in Stücke teilen und im Wechsel mit den Lavendel-Tomaten zu einem Turm anrichten und servieren.

Für 4 Personen

- 10–15 Zweige Wiesensalbei mit Blüten
- 10–15 Zweige Gartensalbei mit Blüten
- 200 g Sauerrahm oder Crème fraîche
- frischer Knoblauch
- 1 Kästchen Kresse
- 500 ml Milch
- 5 Eier, getrennt
- 200 g Mehl, plus etwas mehr
- Öl zum Frittieren
- Salz, Pfeffer

Garnitur

- einige Salbeiblätter und -blüten

GEBACKENER SALBEI MIT KRESSESAUERRAHM

- Salbei waschen und trocken tupfen.
- Sauerrahm cremig rühren, mit ein wenig durchgepresstem Knoblauch, Salz und Pfeffer abschmecken. Die Kresse unterziehen und kalt stellen.
- Milch und Eigelbe verrühren. Das gesiebte Mehl nach und nach dazugeben und glatt rühren. Die Eiweiße steif schlagen und unterheben. Mit Salz und Pfeffer abschmecken.
- Zur Festigung des Teiges die Salbeizweige und -blüten kurz in etwas Mehl wenden, durch den Teig ziehen und in heißem Öl nur kurz frittieren, da der Salbei sonst an Aroma verliert. Auf Küchenpapier abtropfen lassen.
- Den Kressesauerrahm mit dem Salbei dekorativ anrichten und mit Salbeiblättern und -blüten garniert servieren.

Für 4 Personen

- 4 ausgelöste Kaninchenkeulen
- 100 g Taubnesseln
- ½ Hokkaido-Kürbis
- etwas Mehl
- ½ Zwiebel, fein gewürfelt
- 100 ml Fleischfond
- 200 ml Sahne
- frischer Knoblauch
- Olivenöl
- Salz, Pfeffer

KANINCHENRAGOUT MIT TAUBNESSEL UND GEBRATENEM KÜRBIS

- Das Fleisch in Würfel schneiden. Taubnesseln waschen, einige Blüten als Garnitur beiseitelegen, die restlichen zerkleinern. Kürbis schälen (nach Belieben), entkernen und der Länge nach in Spalten schneiden. Das Kürbisfleisch salzen und pfeffern, leicht mit Mehl bestäuben und in Olivenöl braten (der Kürbis muss durchgebraten sein. Er wird dadurch bekömmlicher und entfaltet seinen ganzen Geschmack).
- In einem Schmortopf etwas Olivenöl heiß werden lassen, das Fleisch darin anbraten, Zwiebelwürfel zugeben, kurz mitbraten und mit Fleischfond ablöschen. Die gehackten Taubnesseln dazugeben, zum Köcheln bringen, mit Sahne auffüllen. Das Ganze einkochen lassen, bis das Kaninchenfleisch bissfest ist. Mit Salz, Pfeffer und ein wenig Knoblauch würzen.

Tipp

Das Ragout wird schaumiger, wenn man vor dem Anrichten noch einen Löffel geschlagene Sahne unterzieht.

Für 1 Pastetenform
- 25 g Gundlrebe
- 1 kg Spargel
- 50 g Butter
- 100 ml Fleischfond
- 16 Blatt Gelatine
- Salz, Pfeffer, Zucker
- frischer Zitronensaft

SPARGELSÜLZE MIT GUNDELREBE

- Gundelrebe waschen, abtrocknen und einige Zweige zum Garnieren beiseitelegen. Blättchen und Blüten klein hacken.
- Den Spargel schälen. Für den Spargelfond die Schalen in 1 Liter Wasser mit etwas Zitronensaft und 1 EL Butter auskochen, den Fond leicht salzen.
- Den geschälten Spargel mit der restlichen Butter aufsetzen und den Fleischfond angießen. Salzen und ziehen lassen, bis der Spargel bissfest ist, dann herausnehmen, Kochflüssigkeit aufheben.
- Den Spargelfond passieren, so viel zur Kochflüssigkeit geben, dass es etwa 1 Liter Flüssigkeit ergibt, und mit Salz und Pfeffer und einer Prise Zucker würzen.
- Gelatine kurz in kaltem Wasser einweichen, ausdrücken und unter den heißen Spargelfond rühren, bis sie sich aufgelöst hat.
- In die Pastetenform schichtweise erst eine Schicht Gundelrebe und dann Spargelstangen geben. Jede Schicht mit Spargelfond bedecken und kurz kühl stellen. Erst wenn die Gelatine anzieht, eine neue Schicht auflegen, bis alles verbraucht ist. Die Sülze über Nacht kühl stellen.

Für 4 Personen

Farce

- 200 g roher Lachs
- 200 ml Sahne
- 2 Limettenblätter
- 1 Limette
- Salz, Pfeffer

Violette Chips

- 4 violette Kartoffeln

Bärenkrebstörtchen

- 4 frisch gekochte, ganze Bärenkrebse
- 1 mittelgroße Karotte
- 150 ml Fischfond

Garnitur

- 1–2 Blütenstände der Goldrute

BÄRENKREBSTÖRTCHEN

- *Farce:* Lachs in kleine Würfel schneiden, leicht salzen und auf eine Schale mit Eis stellen. Den Lachs mit dem Pürierstab fein pürieren, nach und nach die Sahne einmixen, bis eine Emulsion entsteht. Die Masse durch ein feines Sieb streichen und auf Eis kühlen. Limettenblätter in feinste Streifchen schneiden (die harte mittlere Blattader zuvor entfernen). Farce mit Limettensaft und -blättern, Salz und Pfeffer abschmecken und in den Kühlschrank stellen.
- *Violette Chips:* Die Kartoffeln schälen und in hauchdünne Scheiben hobeln.
- Die Kartoffelscheiben sternförmig in eine leicht geölte Pfanne legen, mit Backpapier abdecken und mit einem kleinen Topf beschweren. Bei mittlerer Hitze 5 Minuten trocknen lassen. Den Stern vorsichtig wenden, abdecken, beschweren und weitere 5 Minuten trocknen lassen.
- *Bärenkrebstörtchen:* Die Krebse zerlegen, dabei das Fleisch aus dem Schwanz brechen und halbieren. Den Ofen auf 140 °C vorheizen.
- Die Karotte der Länge nach in sehr dünne Scheiben schneiden. Die Karottenscheiben in Salzwasser leicht blanchieren und in Eiswasser abschrecken. Auf einem Tuch abtropfen lassen. Vier feuerfeste Förmchen ausbuttern und je eine Karottenscheibe als Mantel um den inneren Rand legen.
- Farce zu einem Drittel in die Förmchen füllen, je eine Tranche vom Krebsschwanz einlegen und mit Farce auffüllen. Die Förmchen in ein flaches Gefäß mit heißem Wasser stellen und im vorgeheizten Ofen etwa 20 Minuten pochieren.
- Die restlichen Krebsschwänze im heißen Fischfond nur kurz garen.
- Törtchen aus der Form stürzen, je eine Tranche vom Bärenkrebsschwanz darauflegen. Mit der Goldrute und den violetten Chips garniert servieren.

FLASCHENBOVIST MIT GOLDRUTE

Für 4 Personen
- 600 g junge, weiße Flaschenboviste
- 200 g Butter
- 1–2 Blütenstände der Goldrute
- gesalzene Butter
- frisches Baguette

- Die Boviste enthäuten.
- Die Pilze mindestens 10 Minuten bei mäßiger Hitze in der Butter braten, bis sie schön knusprig sind.
- Auf Tellern anrichten und mit abgezupften Blüten der Goldrute würzen. Mit warmem Baguette und gesalzener Butter servieren.

Für 4 Personen

- 600 g junges Labkraut
- 2 Zwiebeln, fein gewürfelt
- 1 EL Butter
- 100 g Semmelbrösel, geröstet
- 2 Eier
- frischer Knoblauch
- 8 große Platten Brickteig
- 100 g Butter
- 300 ml Sahne
- 50 ml Gemüsefond
- Salz, Pfeffer
- Öl zum Frittieren

LABKRAUT IM TEIGSÄCKCHEN

- Labkraut waschen, abtropfen lassen und klein schneiden. In einer Pfanne die Hälfte des Labkrauts mit der Hälfte der Zwiebelwürfel in der Butter anschwitzen. Die Semmelbrösel zugeben und vermengen. Pfanne vom Herd nehmen, etwas abkühlen lassen, dann 1 Ei unterrühren und mit Salz, Pfeffer und Knoblauch würzen.
- Das zweite Ei verschlagen. 4 Platten Brickteig mit Ei bestreichen und die 4 übrigen Platten darüberlegen. Das Labkraut jeweils in die Mitte einer Platte geben und diese zu Säckchen formen.
- Das restliche Labkraut mit den übrigen Zwiebelwürfeln in Butter anschwitzen, mit Sahne und Gemüsefond ablöschen und etwas reduzieren lassen. Mit Salz und Pfeffer abschmecken.
- In einem großen Topf reichlich Öl erhitzen und die Säckchen im heißen Fett nacheinander knusprig ausbacken.
- Die Teigsäckchen auf dem Labkraut anrichten und servieren.

ZWIEBEL GEFÜLLT MIT KRAUSER GLUCKE

Für 4 Personen

- 1 große Krause Glucke
- 4 große Gemüsezwiebeln
- 200 ml Gemüsefond
- 1 Bund Frühlingszwiebeln
- 2 EL Butter
- Salz, Pfeffer

- Die Krause Glucke unter fließendem Wasser sorgfältig säubern, würfeln und wenn nötig erneut waschen.
- Die Zwiebeln schälen, einen Deckel abschneiden und die Zwiebeln aushöhlen. Korpus und Deckel aufheben, Rest fein hacken.
- Die ausgehöhlten Zwiebeln und Deckel im Gemüsefond erhitzen und diese in etwa 10 Minuten garen.
- Die Frühlingszwiebeln waschen und das untere Drittel klein schneiden. Die Frühlingszwiebel mit der gehackten Zwiebel in Butter anbraten.
- Krause Glucke dazugeben und weiterbraten. Mit Salz und Pfeffer abschmecken. Die Farce in die Zwiebeln füllen und servieren.

TOPINAMBURGEMÜSE

Für 4 Personen

- 800 g Topinambur
- 1 Zwiebel, fein gewürfelt
- 2–3 EL Olivenöl
- Salz, Pfeffer
- 1 Zweig frischer Rosmarin
- 500 ml Gemüsefond
- etwas frischer Knoblauch, durchgepresst

Garnitur

- 4–5 Topinamburblüten (sie schmecken leicht bitter)

- Die Topinamburwurzeln schälen, in Spalten schneiden und mit den Zwiebeln in Olivenöl anbraten. Mit Salz und Pfeffer würzen, den Rosmarinzweig zugeben und mit dem Gemüsefond ablöschen.
- Die weich gekochten Topinamburspalten erneut mit Salz, Pfeffer und ein wenig Knoblauch abschmecken.
- Mit Blütenblättern der Topinamburblüten garniert servieren.

Tipp

Für ein vegetarisches Hauptgericht erhöhen Sie die Menge entsprechend und servieren Hirse oder rote Linsen dazu. Das Topinamburgemüse passt auch sehr gut zu kurz gebratenem Fleisch, etwa zu einem Rinderfilet oder zu Lammkoteletts.

Für 4 Personen

- Blüten von etwa 30 Blütenständen der Schafgarbe
- 16 Zucchiniblüten
- 8 kleine aromatische Tomaten
- 1 Zwiebel, fein gewürfelt
- 200 g Butter
- frischer Knoblauch
- Salz, Pfeffer
- 200 g Semmelbrösel, kurz geröstet
- 50 g Parmesan

Panade

- 50 g Mehl
- 2 Eier, verschlagen
- 200 g Semmelbrösel

MIT SCHAFGARBENBLÜTEN GEFÜLLTE ZUCCHINIBLÜTEN

- Die Schafgarbenblüten abzupfen. Die Zucchiniblüten von den Stempeln und Staubgefäßen vorsichtig befreien, um sie füllen zu können. Die Tomaten waschen, halbieren und aushöhlen. Den Ofen auf 160 °C vorheizen.
- Die Zwiebelwürfel in der Hälfte der Butter glasig anschwitzen. Nach Belieben mit ein wenig durchgepresstem Knoblauch sowie etwas Salz und Pfeffer würzen. Die Schafgarbenblüten zugeben und das Ganze kurz (etwa 1 Minute) erhitzen, damit sich die Aromen entfalten.
- Dann soviel geröstete Semmelbrösel beigeben, dass genügend von der leicht bröckeligen Masse entstanden ist, um damit die Zucchiniblüten und die Tomaten zu füllen.
- Die Tomaten mit der Bröselmischung füllen und mit Parmesanspänen bestreuen. Im vorgeheizten Ofen etwa 10 Minuten überbacken.
- *Panade:* Die Zucchiniblüten erst im Mehl, dann im Ei und anschließend in den Semmelbröseln wenden. Restliche Butter erhitzen und die Blüten darin ausbacken. Zwei- bis dreimal panieren (um eine gleichmäßige Kruste zu erhalten).
- Tomaten und Zucchiniblüten anrichten und nach Belieben mit einigen Blüten bestreut lauwarm servieren.

HAUPTGERICHTE

Für 4 Personen

- 4 Zanderfilets
- 400 g junge Blätter vom Wiesen-Bärenklau
- 500 g mehligkochende Kartoffeln
- 400 ml Sahne oder Milch
- 100 g Butter
- Salz, Pfeffer

Garnitur

- Stiefmütterchenblüten

WIESEN-BÄRENKLAU-PÜREE MIT ZANDERFILET

- Bärenklau-Blätter waschen, klein schneiden und in der Sahne erhitzen. Mit dem Pürierstab fein pürieren.
- Die Kartoffeln schälen, halbieren, in Salzwasser weich kochen, ausdampfen lassen und dann zerstampfen. Solange sie noch heiß sind, die Hälfte der Butter unterrühren. Dann die Bärenklau-Sahne dazufügen und alles gut vermengen.
- Vom Zanderfilet die Gräten entfernen, die Filets salzen, pfeffern, in restlicher Butter auf der Hautseite anbraten. Bei mittlerer Hitze auf beiden Seiten in 5 Minuten fertig garen.
- Die Zanderfilets auf dem Püree anrichten und nach Belieben mit einer Blüte dekorieren.

Für 4 Personen

- 2 Handvoll Brennnesselsamen
- 4 Steinbuttfilets à 100 g
- 8 Scampi, ausgelöst
- Salz, Pfeffer
- 1 Limette, Saft ausgepresst
- 1 EL Mehl
- 1 Ei
- Olivenöl

Garnitur

- Kapuzinerkresseblüten

SCAMPI UND STEINBUTT MIT BRENNNESSELPANADE

- Die Scampis halbieren und den Darm entfernen.
- Steinbutt und Scampis mit Salz und Pfeffer würzen und mit Limettensaft beträufeln. Erst im Mehl, dann im Ei und schließlich in den Brennnesselsamen wenden.
- Die panierten Scampi und den Steinbutt in heißem Olivenöl bei mittlerer Hitze ausbacken.
- Mit Kapuzinerkresseblüten garnieren.

Tipp

Dazu passt Kartoffelpüree oder Basmatireis.

Für 4 Personen

- 4 Filets vom Petersfisch

Püree

- 400 g junge Taubnesseln
- 1 Zwiebel, fein gewürfelt
- 50 g Butter
- 200 ml Sahne

Blütenschaum

- 50 g Löwenzahnblüten
- 150 ml Fischfond
- Pernod (nach Belieben)
- frischer Limonensaft
- 150 ml Sahne
- 100 g kalte Butter
- Salz, Pfeffer

Garnitur

- Löwenzahn- und Taubnesselblüten

PETERSFISCH AUF TAUBNESSELPÜREE MIT LÖWENZAHNBLÜTENSCHAUM

- *Püree:* Zwiebelwürfel in etwas Butter anschwitzen, Taubnesseln hacken, zugeben und mit der Sahne ablöschen. Damit die Farbe der Taubnesseln erhalten bleibt, nur einmal kurz aufkochen. Alles pürieren, mit Salz und Pfeffer abschmecken und warm stellen.
- *Blütenschaum:* Die Löwenzahnblüten aus dem grünen Blütenkorb zupfen. Fischfond in einem Topf erhitzen. Den Löwenzahn in den Fischfond geben und mit einem Spritzer Pernod und Limonensaft versetzen. Das Ganze etwa 10 Minuten ziehen lassen und durch ein feines Sieb oder Leinentuch passieren. Den Fond erneut erhitzen und mit Salz und Pfeffer abschmecken.
- Die Fischfilets in den Fischfond geben und bei schwacher Hitze etwa 10 Minuten pochieren. Filets aus dem Fond nehmen und warm stellen.
- Fischfond mit der Sahne aufgießen, zum Kochen bringen und mit der Butter abbinden. Die Sauce einmal aufkochen lassen.
- Die Fischfilets auf dem Taubnesselpüree servieren. Die Sauce mit einem Milchaufschäumer aufmixen und über den Fisch geben.
- Nach Belieben mit ein paar Taubnesselblüten bestreuen und mit einer ausgezupften Löwenzahnblüte garnieren.

DUO VON MEERESFRÜCHTEN AUF GUTEM HEINRICH

Für 4 Personen

- 500 g Guter Heinrich
- 8 große Jakobsmuscheln
- 12 Garnelen
- 1 Zwiebel, fein gewürfelt
- 50 g Butter
- Olivenöl
- Knoblauch
- Salz, Pfeffer

- Den Ofen auf 160 °C vorheizen. Etwa 10 schöne große Blätter des Guten Heinrich blanchieren und in Eiswasser abschrecken. Auf einem Tuch abtropfen lassen.
- Den restlichen Guten Heinrich ebenso blanchieren und zum Erhalt der Farbe ebenfalls abschrecken und abtropfen lassen.
- Die Jakobsmuscheln mit den extra blanchierten Blättern umwickeln. Garnelen und Muscheln mit Salz und Pfeffer würzen, in heißem Olivenöl bei mittlerer Hitze anbraten und im vorgeheizten Ofen 5–8 Minuten ziehen lassen.
- Währenddessen die Zwiebel in Butter anschwitzen, restlichen Guten Heinrich grob schneiden, zugeben, mit Salz, Pfeffer und etwas Knoblauch würzen und erwärmen.
- Die Meeresfrüchte auf dem Guten Heinrich anrichten und sofort servieren.

Tipp
Als Beilage passen rote Linsen sehr gut dazu.

Für 4 Personen

- 400 g Weißer Gänsefuß
- 8 Filets vom Seewolf à 80 g
- Salz, Pfeffer
- etwas Mehl
- Öl
- 100 ml Balsamico
- 100 g Zucker
- 1 Zwiebel, fein gewürfelt
- 100 g Butter
- 100 ml Fischfond
- Knoblauch
- Sherry

SEEWOLF AUF GÄNSEFUSSSPINAT

- Den Ofen auf 160 °C vorheizen. Die Blätter und Spitzen des Gänsefußes abzupfen und waschen, abtropfen lassen.
- Den Fisch mit Salz und Pfeffer würzen, leicht mit Mehl bestäuben und in Öl anbraten. Auf ein Blech geben und im vorgeheizten Ofen 6–7 Minuten ziehen lassen.
- Balsamico und Zucker in einen kleinen Topf geben und dickflüssig einkochen lassen.
- In einer Pfanne die Zwiebelwürfel in der Butter anschwitzen, Gänsefuß zugeben und mit Fischfond ablöschen. Kurz schwenken, mit Salz, Pfeffer, wenig Knoblauch und Sherry abschmecken.
- Den Gänsefußspinat auf Teller heben, den Seewolf darauflegen und mit Balsamico-Reduktion beträufeln.

Für 4 Personen
- 400 g Sauerampfer
- 8 große Brennnesselblätter
- 8 Seezungenfilets

Tempurateig
- 1 Ei
- 125 g Tempura-Mehl (aus dem Asia-Laden)
- Salz, Pfeffer
- Öl zum Frittieren

Sauerampfer
- 2 EL Butter
- ½ Zwiebel, fein gewürfelt
- Salz, Pfeffer
- etwas Mehl

Kerbelschaum
- 1 Bund Kerbel
- ½ Zwiebel, fein gewürfelt
- 100 g Butter
- 100 ml Fischfond
- 100 ml Sahne

SEEZUNGE GEFÜLLT MIT SAUERAMPFER AUF TEMPURA-BRENNNESSELBLATT

- Sauerampfer und Brennnesseln waschen, abtropfen lassen. Ofen auf 160 °C vorheizen.
- *Tempura-Teig*: Das Ei verschlagen, 250 ml eiskaltes Wasser zugeben, das Tempura-Mehl dazusieben und zu einem zähflüssigen Teig verrühren. Mit Salz und Pfeffer abschmecken.
- Die Brennnesselblätter durch den Teig ziehen und in heißem Öl frittieren (siehe Tipp). Auf einem Küchenpapier abtropfen lassen und warm stellen.
- *Sauerampfer*: In einer Pfanne mit Butter die Zwiebelwürfel anschwitzen, salzen, pfeffern, den Sauerampfer zugeben und zusammenfallen lassen.
- Den Sauerampfer auf die Hautseiten der Seezungen legen und diese jeweils zusammenklappen (eventuell mit einem Zahnstocher fixieren). Seezunge salzen und pfeffern, leicht in Mehl wenden und beidseitig scharf anbraten. Den Fisch im vorgeheizten Ofen 5–6 Minuten ziehen lassen.
- *Kerbelschaum:* Kerbel waschen, trocken schütteln und sehr fein hacken. In einem Topf die Zwiebelwürfel in der Butter anschwitzen, mit Fischfond ablöschen und mit Sahne aufgießen.
- Den Kerbel in die Sauce geben und vermischen. Kurz erwärmen, aber nicht kochen lassen. Vor dem Servieren die Sauce mit dem Pürierstab kurz aufschäumen.

Tipp
Das Öl ist heiß genug zum Frittieren, wenn an einem Holzstäbchen, das man in das Öl taucht, kleine Bläschen emporsteigen.

HOPFEN, MÄRZVEILCHEN, SAUERKLEE *Humulus lupulus, Viola odorata, Oxalis acetosella*

Für 4 Personen

- 600 g Hcpfensprossen
- 8 Seezungenfilets
- 300 ml Fischfond
- 2 Tomaten
- 1 Zwiebel, fein gewürfelt
- 100 g Butter
- Salz, Pfeffer
- 1 Schuss Pernod

Garnitur

- Veilchenblüten und Sauerklee

SEEZUNGENRÖLLCHEN MIT HOPFENSPROSSEN

- Den Ofen auf 140 °C vorheizen. Die Spitzen der Hopfensprossen blanchieren und in Eiswasser abschrecken.
- Die restlichen Hopfensprossen klein schneiden, beiseitestellen.
- Die Hopfensprossenspitzen auf die Hautseite der Seezungenfilets legen und in die Filets einrollen. Mit einem Zahnstocher fixieren.
- Die Hälfte des Fischfonds erhitzen, Seezungenröllchen hineinlegen und im Ofen etwa 20 Minuten ziehen lassen.
- Die Tomaten blanchieren, enthäuten und würfeln. Zwiebelwürfel in Butter anschwitzen. Die restlichen Hopfensprossen mit den Tomatenwürfeln zugeben. Mit restlichem Fischfond ablöschen und einkochen lassen. Mit Salz und Pfeffer würzen und mit einem Spritzer Pernod verfeinern.
- Die Seezungenröllchen auf dem Gemüse anrichten und mit Märzveilchen und Sauerkleeblüten garniert servieren.

Für 4 Personen

- 300 g Kornelkirschen
- 4 weiße Heilbuttfilets à 160 g
- 2 EL Honig
- 200 ml Fischfond
- ½ Sellerieknolle
- ¼ l Öl zum Frittieren

WEISSER HEILBUTT MIT KORNELKIRSCHSAUCE

- Kornelkirschen entkernen und mit dem Honig in den Fischfond geben, etwas einkochen lassen.
- Den Heilbutt in den Fond legen und darin kurz pochieren, herausnehmen und warm halten. Den Fond weiter einkochen lassen.
- Den Sellerie schälen, erst in dünne Scheiben, dann in feine Streifen schneiden und in heißem Öl frittieren.
- Vor dem Servieren die Sauce abschmecken und gegebenenfalls mit etwas Honig nachsüßen.
- Den Heilbutt mit Sellerie und Kornelkirschsauce anrichten.

Tipp
Sie können den Heilbutt mit leuchtenden, essbaren Blüten, zum Beispiel von der Kapuzinerkresse, mit Gladiolen oder Ringelblumen garnieren.

Für 4 Personen

- 8 Blütendolden der Wilden Möhre
- 4 Thunfischsteaks à 160 g
- 200 ml Karottensaft
- 50 ml Sahne
- 50 g Butter
- 2 Tomaten
- Salz, Pfeffer
- Mehl
- Olivenöl

THUNFISCHSTEAK MIT WILDER MÖHRE

- Den Ofen auf 100 °C vorheizen. Blütendolden waschen und auf einem Tuch abtropfen lassen.
- Karottensaft in einem Topf mit Sahne und Butter kochen und stark reduzieren lassen, mit Salz und Pfeffer abschmecken.
- Tomaten blanchieren, enthäuten, entkernen und vierteln. Die Tomaten auf ein Blech geben, mit Salz und Pfeffer würzen und im vorgeheizten Ofen 10 Minuten erwärmen.
- Währenddessen die Thunfischsteaks salzen und pfeffern, Möhrenblüte auf die Steaks legen, leicht mit Mehl bestäuben und in Olivenöl bei mittlerer Hitze maximal 3 Minuten auf jeder Seite anbraten (sonst wird der Thunfisch zu trocken).
- Den Fisch aufschneiden und mit den Tomaten auf dem Saucenspiegel anrichten.

Tipp
Dazu passt ein Karottengemüse.

BRENNNESSEL, BÄRLAUCH, SCHAFGARBE, KNOBLAUCHSRAUKE *Urtica dioica, Allium ursinum, Achillea millefolium, Alliaria petiolata*

Für 4 Personen

- 3 Bund Bärlauchblätter
- 400 g Brennnesselblätter
- 6–8 zarte Blättchen von der Schafgarbe
- 200 g Giersch
- 2 Handvoll Blättchen und junge Triebe Knoblauchsrauke
- 4 Filets vom Petersfisch
- 1 Zwiebel, fein gewürfelt
- 100 g Butter
- 200 ml Sahne
- ein Schuss Sherry (nach Belieben)
- Mehl
- Salz, Pfeffer

BRENNNESSELSPINAT MIT PETERSFISCH IM BÄRLAUCHMANTEL

- Die Kräuter waschen und trocken tupfen. Acht große Bärlauchblätter beiseitelegen.
- Die Zwiebelwürfel in der Hälfte der Butter anschwitzen, Brennnesseln, Schafgarbe und Giersch dazugeben, mit der Sahne und nach Belieben einem Spritzer Sherry ablöschen und kurz aufkochen lassen, pürieren und warm stellen.
- Fischfilets mit Salz und Pfeffer würzen, jedes mit zwei Bärlauchblättern umwickeln und in Mehl wenden. Bei schwacher Hitze in der restlichen Butter etwa 10 Minuten beidseitig anbraten.
- Restlichen Bärlauch und die Knoblauchsrauke fein schneiden, zum Püree geben, alles nochmals fein pürieren und erhitzen, aber nicht mehr kochen lassen.
- Den Fisch auf dem Brennnesselpüree servieren.

Für 4 Personen

- 4 Handvoll Klatschmohnblütenblätter
- 2 Handvoll Kornblumenblütenblätter
- 2 Tassen Basmatireis
- 4 Lachssteaks à 180 g
- 200 ml Fischfond
- Salz, Pfeffer
- 1 Schuss Pernod

Garnitur

- 1 Handvoll Kamillenblüten

LACHS AUF KORNBLUMEN UND KLATSCHMOHN

- Den Reis gründlich waschen. In einer Schüssel mit Wasser 30 Minuten einweichen lassen. Reichlich frisches Wasser mit 1 TL Salz zum Kochen bringen. Eingeweichten Reis abgießen, ins kochende Wasser geben und in 5-7 Minuten sprudelnd „al dente" kochen. Reis in ein Sieb abgießen und zurück in den Topf geben. Den Topfdeckel in ein sauberes Tuch einschlagen und fest aufsetzen, Herd ausschalten. Den Reis 20 Minuten dämpfen lassen.
- Die Teller mit Mohn- und Kornblumenblütenblättern auslegen.
- Fischfond in einem Topf erhitzen und mit Salz, Pfeffer und Pernod abschmecken. Die Lachssteaks zugeben und in 3–5 Minuten gar ziehen lassen.
- Die Lachssteaks und den Reis mittig platzieren, etwas Fischfond über den Lachs geben und mit Kamillenblüten garniert servieren.

Tipp

Die Blüten sind nicht nur ein optisches Highlight: Mohnblüten schmecken würzig-fruchtig, Kornblumen knackig frisch und die Kamille hat eine leicht süßliche Note.

HUMMER AUF RINGELBLUMENSAUCE MIT JOHANNISKRAUTÖL

Für 4 Personen

- 4 ganze Hummer
- Blütenblätter von etwa 10 Ringelblumen
- 1 EL Butter
- 100 ml Fischfond
- 200 ml Sahne
- Salz, Pfeffer
- Johanniskrautöl (siehe Seite 145)

- Die lebenden Hummer kopfüber in einen großen Topf mit reichlich sprudelnd kochendem Salzwasser einlegen, den Deckel auflegen und etwa 5 Minuten gar ziehen lassen. In Eiswasser abschrecken.
- Ringelblumen in Butter anschwitzen, mit der Hälfte des Fischfonds ablöschen, mit Sahne aufgießen und einkochen lassen. Mit Salz und Pfeffer abschmecken. Die Hummer halbieren, Fleisch auslösen, im übrigen Fischfond und wenig Butter warm ziehen lassen. Sauce aufmixen und über den angerichteten Hummer geben, das Johanniskrautöl auf den Teller tropfen.

PORTULAK, PELARGONIE *Portulaca oleracea, Pelargonium*

Für 4 Personen

- 400 g Portulak
- 4 Kabeljaufilets à 180 g
- Salz, Pfeffer
- etwas Mehl
- 2 EL Olivenöl
- 1 Zwiebel, fein gewürfelt
- 50 ml Fleischfond
- 4 EL Balsamico
- 2 TL Zucker

Garnitur

- einige Pelargonienblüten
- 8 Dillblüten (nach Belieben)

KABELJAU MIT PORTULAKGEMÜSE UND PELARGONIEN

- Die Blätter und vorderen Triebe des Portulak waschen und trocken tupfen.
- Die Kabeljaufilets mit Salz und Pfeffer würzen, leicht mit Mehl bestäuben und bei mittlerer Hitze im Olivenöl anbraten.
- Den Portulak mit den Zwiebelwürfeln in einer Pfanne anschwitzen und mit Fleischfond ablöschen. Leicht einkochen lassen und mit Salz und Pfeffer abschmecken.
- Balsamico mit etwas Zucker in einem kleinen Topf reduzieren, bis er sirupartig eingekocht ist. Fisch und Portulak anrichten, mit Balsamico beträufeln und mit den Blüten garniert servieren.

BREITWEGERICH, GIERSCH, MARGERITE *Plantago major, Aegopodium podagraria, Leucanthemum vulgare*

Für 4 Personen

- 400 g Giersch
- 4 große Breitwegerichblätter
- 4 Kaninchenrückenfilets
- 100 g Butter
- 1 mittelgroße Zwiebel, fein gewürfelt
- 100 ml Fleischfond
- Salz, Pfeffer

KANINCHENFILET IN BREITWEGERICH AUF GIERSCHGEMÜSE

- Giersch und Breitwegerich waschen und von beiden die Stängel abschneiden. Stängel vom Breitwegerich wegwerfen und die Stängel des Giersch ganz klein schneiden.
- In einer Pfanne die Butter erhitzen und die Zwiebelwürfel darin anschwitzen. Gierschstängel zugeben, kurz mit anschwitzen und mit dem Fleischfond ablöschen. Das Ganze einige Minuten leicht kochen lassen, dann warm halten.
- Die Kaninchenfilets rundum mit Salz und Pfeffer würzen, mit Breitwegerichblättern umwickeln und bei mäßiger Hitze anbraten. Etwa 5 Minuten bei schwacher Hitze ziehen lassen.
- Die Filets auf dem Gierschstängelgemüse anrichten, nach Belieben mit einer Margerite garnieren und servieren.

Tipp

Aus den Gierschblättern lässt sich ein schmackhafter Salat zubereiten.

Für 4 Personen

- 200 g getrocknete Herbsttrompeten
- 4 Maispoulardenbrüste
- 1 Zwiebel, fein gewürfelt
- 100 g Butter
- 50 ml Fleischfond
- Salz, Pfeffer
- frischer Knoblauch

Garnitur

- 4 Handvoll Springkrautblüten

POULARDE AUF HERBSTTROMPETEN MIT SPRINGKRAUT

- Herbsttrompeten 30 Minuten einweichen, abgießen und abtropfen lassen.
- Poularde mit Salz und Pfeffer würzen, in heißem Öl auf der Hautseite goldgelb braten und wenden, bei mittlerer Hitze fertig braten.
- In einer Pfanne die Zwiebelwürfel in der Butter anschwitzen, die Herbsttrompeten zugeben und mit Fleischfond ablöschen. Mit Salz, Pfeffer und ein wenig Knoblauch abschmecken.
- Das Fleisch auf den Herbsttrompeten anrichten. Mit Springkrautblüten garniert servieren.

Tipp

Die Springkrautblüten schmecken wie ein knackiger Salat. Statt Herbsttrompeten kann man Pfifferlinge nehmen.

Für 4 Personen

- 25–30 Blütenknospen des Wiesen-Bärenklaus (Wilder Brokkoli)
- 4 Tauben
- 500 g violette Kartoffeln
- 200 ml Sahne
- 150 ml Fleischfond
- 200 g Butter
- 3–4 EL Öl
- Salz, Pfeffer

Garnitur

- einige Malvenblüten

WILDER BROKKOLI MIT GEBRATENER TAUBE

- Die Bärenklau-Blütenknospen in kochendem Salzwasser 2 Minuten blanchieren und in Eiswasser abschrecken.
- Kartoffeln waschen, halbieren und in Salzwasser weich kochen.
- Sahne und Fleischfond mit der Hälfte der Butter erhitzen, nicht kochen lassen.
- Die Kartoffeln abseihen, mit der heißen Sahnemischung pürieren und mit Salz und Pfeffer abschmecken. Das Püree warm halten.
- Die Tauben zerlegen, mit Salz und Pfeffer würzen und im Öl von allen Seiten scharf anbraten. Die Hälfte der übrigen Butter zugeben und die Tauben darin bei schwacher Hitze etwa 10 Minuten gar ziehen lassen.
- Die restliche Butter zerlassen und die Bärenklaublüten darin schwenken, dabei leicht erwärmen.
- Die Täubchen aufschneiden, alles hübsch anrichten und mit den Blütenblättern von wilden Malven dekoriert servieren.

Tipp

Lassen Sie die violetten Kartoffeln nur sanft köcheln – so halten sie die schöne Farbe viel besser.

Für 4 Personen

- 600 g junge Staudenknöterichstangen
- 8 Blätter vom Staudenknöterich
- 4 Entenbrüste à 180 g
- 100 g Zucker
- 200 ml Apfelsaft
- 4 cl Sherry
- 2 El Honig
- Salz, Pfeffer
- Öl zum Frittieren

STAUDENKNÖTERICHRAGOUT MIT ENTENBRUST

- Die Staudenknöterichstangen und -blätter waschen und in etwa ½ cm große Stücke schneiden.
- Die Entenbrüste säubern und die Haut rautenförmig einschneiden.
- Die Knöterichblätter trocken tupfen, in heißem Öl frittieren und auf Küchenpapier abtropfen lassen.
- Den Zucker in einem Topf karamellisieren und mit dem Apfelsaft ablöschen. Sherry, Honig und den Staudenknöterich zugeben, etwa 10 Minuten kochen lassen und mit Salz und Pfeffer abschmecken.
- Die Entenbrust auf der Hautseite bei starker Hitze in wenig Öl scharf goldbraun anbraten und wenden. Bei schwacher Hitze knapp 10 Minuten weiterbraten.
- Das Fleisch auf dem Staudenknöterichragout anrichten und mit den frittierten Knöterichblättern dekoriert servieren.

Für 4 Personen

- 400 g blühender Giersch
- 4 Entenbrüste à 180 g
- 1 Zwiebel
- 100 g Butter
- 50 ml Fleischfond
- 2 Tomaten, enthäutet
- 1 Prise Zucker
- Salz, Pfeffer

Garnitur

- 8–16 Gierschblüten

ENTENBRUST MIT GIERSCHKOMPOTT

- Den Giersch waschen und klein schneiden, die Zwiebel fein würfeln.
- Den Backofen auf 160 °C vorheizen. Die Entenbrüste waschen, trocken tupfen und die Haut rautenförmig einschneiden. Mit Salz und Pfeffer würzen.
- Die Entenbrüste auf der Hautseite bei starker Hitze in wenig Öl rasch goldbraun anbraten und wenden, die Unterseite ebenfalls scharf anbraten. Aus der Pfanne nehmen und im vorgeheizten Ofen 10–15 Minuten fertig garen.
- Giersch und Zwiebelwürfel in der Butter anbraten. Mit Fleischfond ablöschen.
- Die Tomaten in kleine Würfel schneiden, ebenfalls dazugeben und mit Zucker, Salz und Pfeffer abschmecken.
- Das Fleisch aufschneiden, auf dem Gierschkompott anrichten und mit Gierschblüten garniert servieren.

Tipp

Dazu passt wilder Reis, nach Belieben vermischt mit Basmatireis.

Für 4 Personen

- 400 g Giersch
- 10 Dolden frischer Wiesenkümmel, kurz vor der Reife
- 4 Wiesenkümmelblüten
- 4 Lammkarrees à 220 g
- 1 Zwiebel, fein gewürfelt
- 100 g Butter
- 100 ml Fleischfond
- Salz, Pfeffer
- Knoblauch
- Olivenöl

LAMMKARREES AUF GIERSCHSPINAT MIT FRISCHEM WIESENKÜMMEL

- Den Giersch waschen und abtropfen lassen. Wiesenkümmel von den Dolden zupfen.
- Ofen auf 180 °C vorheizen. Die Lammkarrees salzen, pfeffern und in heißem Olivenöl bei mittlerer Hitze anbraten.
- Aus der Pfanne nehmen und im vorgeheizten Ofen etwa 15 Minuten fertig garen.
- Zwiebel in Butter anschwitzen und mit Fleischfond ablöschen. Gierschblätter zugeben und leicht ankochen. Mit Salz, Pfeffer und wenig Knoblauch abschmecken. Den Wiesenkümmel zugeben, durchschwenken und anrichten.
- Lammkarrees tranchieren, auf den Gierschspinat geben und mit Wiesenkümmelblüten garnieren.

Tipp

Als Beilage passt Couscous sehr gut dazu.
Man kann auch einige frische Wiesenkümmelfrüchte mit etwas Salz zerreiben und das Fleisch kurz vor dem Servieren damit bestreichen.

PREISELBEEREN, ECHTE NELKENWURZ, WILDE MÖHRE *Vaccinium vitis-idaea, Geum urbanum, Daucus carota*

Für 4 Personen

- 8 Wurzelbüschel Nelkenwurz
- etwa zwei Handvoll Samen der Wilden Möhre (das sind die Samen von 10–12 Dolden)
- 4 Rehfilets à 180 g
- 150 g Butter
- 100 ml Fleischfond
- 200 g Preiselbeeren
- 50–80 g brauner Zucker
- 1 Glas Portwein
- Salz, Pfeffer

REHRÜCKEN IM WILDE-MÖHRE-SAMENMANTEL MIT NELKENWURZ

- Die Wurzeln der Nelkenwurz gut säubern und sorgfältig waschen. Die Würzelchen vom Wurzelstock abtrennen, ganz klein schneiden. Den Ofen auf 180 °C vorheizen.
- Die Filets salzen, pfeffern und in den Samen der Wilden Möhre wenden, diese dabei etwas andrücken. Das Fleisch in einer Mischung aus 1 EL Öl und etwa 50 g Butter anbraten. Während des Anbratens das Filet mehrmals herausnehmen und erneut in den Samen wenden, damit sich eine Kruste bildet. Anschließend im vorgeheizten Ofen 15 Minuten ziehen lassen.
- Den Bratensatz mit Fleischfond ablöschen und die Preiselbeeren und Nelkenwurz zugeben. Mit Zucker (Menge nach Geschmack) und Portwein versetzen und stark reduzieren lassen. Die Sauce mit der restlichen Butter montieren und zu dem in Tranchen geschnittenen Filet anrichten.

Tipp
Reichen Sie Mandelkroketten und Karotten dazu.

Für 4 Personen

- 200 ml Schlehensirup (siehe Rezept Seite 98)
- 2 Handvoll Schlehenblüten
- 4 Hirschfilets à 180 g
- 2–3 EL Öl
- 200 ml Fleischfond
- Salz, Pfeffer

HIRSCHFILET MIT SCHLEHENBLÜTENSAUCE

- Den Backofen auf 180 °C vorheizen. Die Hirschfilets mit Salz und Pfeffer würzen. Das Öl erhitzen und die Filets von beiden Seiten scharf anbraten. Fleisch aus der Pfanne nehmen und auf einem Blech im Ofen etwa 10 Minuten fertig garen.
- Den Bratensatz der Hirschfilets mit Fleischfond aufgießen, den Schlehensirup und gut die Hälfte der Schlehenblüten zugeben.
- Die Sauce etwa 5 Minuten einkochen lassen, dabei ab und zu umrühren. Mit Salz und Pfeffer abschmecken.
- Die restlichen Schlehenblüten über das Hirschfilet streuen und dieses mit etwas Sauce beträufelt servieren.

Tipp
Dazu passen selbst gemachte Spätzle, kurz in Butter und gehackten Haselnüssen geschwenkt.

Für 4 Personen

- 4 Handvoll Echter-Dost-Blüten und -Blätter
- 4 Koteletts aus dem Wildschweinrücken à 180 g
- 100 g Butter
- 1 Zwiebel, fein gewürfelt
- frischer Knoblauch
- 100 ml Fleischfond
- Salz, Pfeffer

Garnitur

- einige Echter-Dost-Blüten

WILDSCHWEINRÜCKEN MIT ECHTEM DOST

- Den Ofen auf 180 °C vorheizen. Dost waschen, grob hacken.
- Das Fleisch mit Salz und Pfeffer würzen und in heißem Öl beidseitig scharf anbraten. Aus der Pfanne nehmen und im vorgeheizten Ofen etwa 10 Minuten fertig garen.
- Butter in den Bratensatz geben, Zwiebelwürfel darin anschwitzen, ein wenig Knoblauch dazupressen, mit Fleischfond ablöschen und die Sauce einkochen lassen. Gegen Ende den Dost zugeben.
- Den Wildschweinrücken auf dem Dost anrichten, mit Sauce beträufeln und mit den Blüten garniert servieren.

Für 4 Personen

Rapstaler

- 400 g junger Raps
- je 1 gelbe und rote Paprika
- 250 g Semmelbrösel
- 2 Eier
- Salz, Pfeffer, Knoblauch

Kalbssteaks

- 4 Kalbssteaks à 180 g
- etwas Mehl

Garnitur

- 1 Karotte
- Tagetesblüten und -blätter

KALBSSTEAK MIT RAPSTALERN

- Den Ofen auf 180 °C vorheizen. Den Raps waschen, klein schneiden und in kochendem Wasser blanchieren. Auf einem Tuch abtrocknen lassen.
- *Rapstaler*: Die Paprika waschen, klein schneiden und mit dem Raps, den Semmelbröseln und den Eiern gut vermengen. Mit Salz, Pfeffer und wenig Knoblauch abschmecken. Ist die Masse zu weich, um Taler daraus zu formen, kann man noch Semmelbrösel zugeben.
- *Kalbssteaks*: Mit Salz und Pfeffer würzen, in Mehl wenden und in heißem Rapsöl beidseitig anbraten. Im vorgeheizten Ofen 7–10 Minuten fertig garen.
- Die Rapsmasse zu Talern formen, ebenfalls auf beiden Seiten anbraten und im Ofen heiß ziehen lassen.
- Die Karotte schälen, in dünne Streifen schneiden, kurz in kochendem Wasser blanchieren und mit kaltem Wasser abschrecken.
- Die Tagetesblätter und die Karottenstreifen über die Kalbssteaks legen und kurz anbraten. Zusammen mit den Rapstalern und den Tagetesblüten anrichten.

Für 4 Personen

- 2 Handvoll Brennnesselsamen
- 4 Kalbsrückensteaks à 180 g
- 100 ml Kalbsfond
- 2 EL Mehl
- 2 Eier, verschlagen
- Olivenöl
- Salz, Pfeffer

KALBSRÜCKENSTEAK IM BRENNNESSELSAMEN-MANTEL

- Die Brennnesselsamen auf einem flachen Teller verteilen.
- Die Kalbsrückensteaks vorsichtig flach klopfen, mit Salz und Pfeffer würzen. Den Kalbsfond in einem kleinen Topf köcheln und reduzieren lassen.
- Die Kalbssteaks erst im Mehl, dann im Ei und schließlich in den Brennnesselsamen wenden.
- In einer beschichteten Pfanne reichlich Olivenöl erhitzen. Das panierte Fleisch bei mittlerer Hitze darin ausbacken.
- Die Kalbssteaks mit etwas Kalbsfond benetzt servieren.

Tipp

Dazu passt Kartoffel- oder Selleriepüree.

Für 4 Personen

- 4 Handvoll Knoblauchsrauke
- 4 Kalbsfilets à 160 g
- ½ Zwiebel, fein gewürfelt
- 2 EL Butter
- Salz, Pfeffer

GEFÜLLTES KALBSFILET MIT KNOBLAUCHSRAUKE

- Die Knoblauchsrauke blanchieren und in Eiswasser abschrecken.
- Den Ofen auf 180 °C vorheizen. Jedes Kalbsfilet mit einem langen, scharfen Messer von der Seite aus längs aufschlitzen.
- Die Zwiebelwürfel in Butter anschwitzen, die abgetropfte Knoblauchsrauke kurz darin schwenken, mit Salz und Pfeffer abschmecken.
- Die Kalbsfilets mit der Knoblauchsrauke füllen. Das Fleisch mit Salz und Pfeffer würzen, in heißem Öl auf beiden Seiten scharf anbraten und im vorgeheizten Ofen 10 Minuten fertig garen.
- Kalbsfilets aufschneiden und mit etwas Bratensatz servieren.

Tipp

Als Beilage passen selbst gemachte Bärlauchspätzle (siehe Seite 78) sehr gut dazu. Dekorieren Sie das Ganze mit ein paar besonders schönen Blättern vom Bärlauch und von der Knoblauchsrauke!

Für 4 Personen

- 400 g Taglilienblüten und -knospen
- 2 Tassen Basmatireis
- 4 Kalbskoteletts à 200 g
- 3–4 EL Olivenöl
- Salz, Pfeffer
- 150 ml Fleischfond
- 120 g kalte Butter

Garnitur

- 4 Taglilienblüten
- 4 Kornblumen

KALBSKOTELETT AUF TAGLILIEN-GEMÜSE MIT BASMATIREIS

- Von den Taglilienblüten vier aufgeblühte für die Garnitur zur Seite legen.
- Den Reis gründlich waschen. In einer Schüssel mit Wasser 30 Minuten einweichen lassen. Reichlich frisches Wasser mit 1 TL Salz zum Kochen bringen. Eingeweichten Reis abgießen, ins kochende Wasser geben und in 5–7 Minuten sprudelnd „al dente" kochen. Reis in ein Sieb abgießen und zurück in den Topf geben. Den Topfdeckel in ein sauberes Tuch einschlagen und fest aufsetzen, Herd ausschalten. Den Reis 20 Minuten dämpfen lassen.
- Den Ofen auf 160 °C vorheizen.
- Die Koteletts im Olivenöl beidseitig scharf anbraten, salzen und pfeffern und noch etwa 6 Minuten bei leichter Hitze weiterbraten. Im vorgeheizten Ofen 10 Minuten zu Ende garen.
- Die Taglilienknospen und Blüten im Bratensatz kurz anbraten, aus der Pfanne nehmen und warm stellen. Den Bratensatz mit Fleischfond ablöschen und etwas reduzieren lassen. Die Sauce mit der Butter abziehen und die Blüten wieder dazugeben.
- Das Blütengemüse anrichten, Koteletts darauflegen. Basmatireis dazugeben und mit den Kornblumenblüten verzieren. Die zurückgelegten Taglilienblüten als schmückende Blütenkrone auflegen und servieren.

Für 4 Personen

- 4 Rindermedaillons à 180 g

Sieben-Kräuter-Püree

- 400 g Bärlauch
- 200 g Giersch
- 150 g junge Brennnesseln
- 50 g junge Knoblauchsrauke
- 30 g Sauerampfer
- 20 g junge Taubnesseln
- 10 g Schafgarbenblätter
- 200 g Sahne

Bärlauchspätzle

- 4 Eier, 400 g Mehl, Milch
- 200 g Bärlauch, Salz, Pfeffer

BÄRLAUCHSPÄTZLE MIT RIND UND SIEBEN-KRÄUTER-PÜREE

- *Sieben-Kräuter-Püree:* Die Kräuter waschen, separat grob hacken. Giersch, Brennnesseln, Sauerampfer, Taubnesseln und Schafgarbe in einen Topf mit wenig Salzwasser geben, kurz aufkochen, umrühren und sofort mit Sahne ablöschen. Die Knoblauchsrauke zugeben und ganz kurz aufkochen lassen, den Bärlauch beifügen und alles pürieren. Mit Salz und Pfeffer abschmecken und warm stellen.
- *Bärlauchspätzle:* Eier und Mehl verrühren und dem Teig so viel Milch zugeben, bis eine zähflüssige Masse entsteht.
- Den Bärlauch waschen, hacken, im Mörser mit etwas Salz zu einem Brei zerreiben und unter den Spätzleteig heben. Mit Salz und Pfeffer würzen. Die Masse durch eine Spätzlepresse in kochendes Salzwasser drücken und etwa 5 Minuten kochen lassen. Die fertigen Spätzle abseihen und mit kaltem Wasser abschrecken.
- Die Rindermedaillons mit Salz und Pfeffer würzen, bei starker Hitze in Öl beidseitig scharf anbraten und auf den Punkt garen.
- Vor dem Servieren die Spätzle kurz in heißer Butter (beurre noisette) schwenken und mit dem Kräuterpüree und den Spätzle anrichten.

Für 4 Personen

- 4 Rinderfilets à 180 g
- 400 g junger Raps
- 2 rote Paprikaschoten
- 1 gelbe Paprikaschote
- 2 Zwiebeln
- 100 ml Rapsöl
- 200 ml Fleischfond
- Salz, Pfeffer
- frischer Knoblauch

RINDERFILET AUF RAPS-PAPRIKA-GEMÜSE

- Einige Rapsblüten zur Garnitur zur Seite legen. Den restlichen Raps grob hacken. Paprika und Zwiebeln in grobe Würfel schneiden und alles zusammen in Rapsöl anschwitzen. Mit Fleischfond ablöschen, einkochen lassen und mit Salz, Pfeffer und ein wenig Knoblauch würzen.
- Rinderfilets in der Pfanne in etwas Rapsöl von beiden Seiten scharf anbraten, pfeffern und salzen. Das Fleisch bei mittlerer Hitze rosa braten und mit Rapsblüten garniert servieren.

DESSERTS

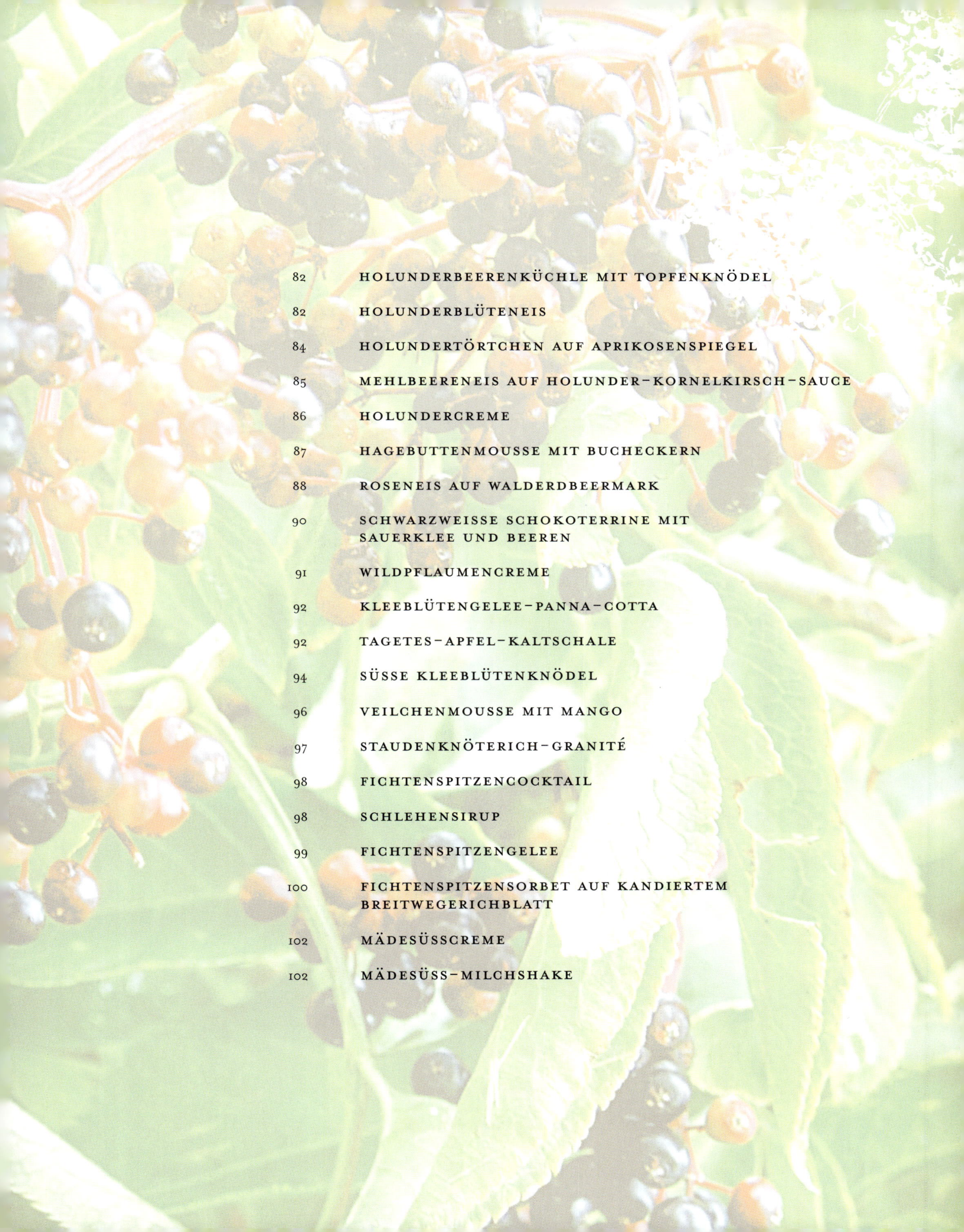

Für 4 Personen

Holunderbeerenküchle

- 16 Holunderbeerenrispen
- 500 ml Milch
- 5 Eier, getrennt
- 100 g Zucker
- 1 Vanilleschote, Mark ausgekratzt
- 200 g Mehl
- Öl zum Frittieren

Topfenknödel

- 200 g Topfen (oder Quark, 20 % Fett)
- 100 g Brötchen vom Vortag, gewürfelt
- 50 g Kartoffeln, am Vortag gekocht
- 50 g Zucker
- 50 g Mehl
- 4 Eigelb
- etwas Semmelbrösel
- ½ l Milch

HOLUNDERBEERENKÜCHLE MIT TOPFENKNÖDEL

- *Holunderbeerenküchle:* Holunder waschen, abtropfen lassen. Milch, Eigelbe, Zucker und Vanillemark verrühren. Das gesiebte Mehl nach und nach dazugeben und glatt rühren.
- Die Eiweiße steif schlagen und unterheben. Die Holunderbeerenrispen durch den Teig ziehen, leicht abtropfen lassen und in heißem Öl ausbacken. Nach Belieben in Zucker wenden.
- Vor dem Servieren die dicken Stiele möglichst weit zurückschneiden.
- *Topfenknödel:* Topfen und Brotwürfel vermengen und 10 Minuten ruhen lassen.
- Kartoffeln durch eine Presse drücken und unter den Topfen ziehen. Zucker, Mehl und Eigelbe unterrühren. Bei Bedarf noch so viel Semmelbrösel unterheben, bis die Masse gerade formbar ist. Mit den Händen kleine Knödel formen, in heißer Milch etwa 5 Minuten garen und in Zucker wenden.
- Die Hollerbeerenküchle mit den Topfenknödeln anrichten und sofort servieren.

Tipp

Früher im Jahr, wenn der Holunder in voller Blüte steht, bereiten Sie aus den Blütendolden wie oben beschrieben Holunderblütenküchle zu. Statt Topfenknödeln passt dazu ein erfrischendes **Holunderblüteneis**. *Sie brauchen 1 l Sahne, 10 abgezupfte Holunderblütendolden, 8 Eigelb, 120 g Zucker: Die Blüten in der Sahne aufkochen, Topf vom Herd nehmen und zugedeckt 10–15 Minuten ziehen lassen. Die Eigelbe mit dem Zucker verrühren. Die heiße Sahne durch eine Sieb abpassieren und unter ständigem Rühren zu den Eigelben geben. Über dem heißen Wasserbad zur Rose abziehen und in einer Eismaschine gefrieren lassen.*

Für 4 Personen

Holundertörtchen

- 600 g reife Holunderbeeren
- 400 ml Holundersaft
- 75 g Zucker
- 6 Blatt Gelatine

Aprikosenspiegel

- 300 g reife Aprikosen
- 100 ml Apfelsaft
- 50 g Puderzucker

HOLUNDERTÖRTCHEN AUF APRIKOSENSPIEGEL

- *Holundertörtchen*: Holunderbeeren und -saft 10 Minuten kochen lassen. Den Zucker zugeben und 2–3 Minuten in der Flüssigkeit köcheln lassen.
- Den Topf vom Herd ziehen. Die Gelatine 5 Minuten in kaltem Wasser einweichen, ausdrücken und in den heißen Saft einrühren, bis sie sich völlig aufgelöst hat.
- Die Masse in kleinen Formen für 5 Stunden kalt stellen.
- *Aprikosenspiegel*: Die Aprikosen enthäuten und entsteinen.
- Die Früchte mit Apfelsaft und Puderzucker erhitzen und aufkochen lassen. Anschließend pürieren und abpassieren. Bis zum Gebrauch kalt stellen.
- Die Förmchen vor dem Servieren kurz in heißes Wasser tauchen. Einen Spiegel aus Aprikosensauce auf die Teller geben und je ein Törtchen daraufstürzen. Mit Zuckergespinst garniert servieren.

Tipp

Ein Zuckergespinst sieht sehr schön dazu aus (siehe Tipp auf Seite 86).

Für etwa 1 Liter Eis
- 300 g Mehlbeeren
- 700 ml Sahne
- 100 g Zucker
- 6 Eigelb

Kornelkirschsaft
- 300 g Kornelkirschen
- 200 g Zucker
- 200 ml Apfelsaft

Fruchtsauce
- 200 g Holunderbeeren
- 200 ml Kornelkirschsaft
- 1 El Honig
- 1 Prise Zimt
- 20 g Kartoffelstärke

Garnitur
- einige Blüten des Japanischen Staudenknöterichs

MEHLBEERENEIS AUF HOLUNDER-KORNELKIRSCH-SAUCE

- *Eis*: Mehlbeeren mit der Sahne aufkochen, Zucker zugeben und durch ein Sieb streichen. Dann fein pürieren. Die heiße Mehlbeersahne unter schnellem Rühren zu den Eigelben geben und in eine Eismaschine füllen.
- *Kornelkirschsaft*: Alle Zutaten für den Saft 10 Minuten kochen lassen, durch ein Sieb abpassieren.
- *Fruchtsauce*: Holunderbeeren im Kornelkirschsaftsaft weich kochen, mit Honig und Zimt abschmecken. Die Stärke mit etwas kaltem Wasser verrühren und die Sauce damit abbinden.
- Auf Tellern anrichten und mit Staudenknöterichblüten garnieren.

Für 8 Personen

- 100 ml Holundersaft
- 300 g Holunderbeeren
- 500 ml Sahne
- 8 Eigelb
- 150 g Zucker
- 4 Blatt Gelatine
- etwas Holunderlikör (nach Belieben)

HOLUNDERCREME

- Holundersaft und Holunderbeeren mindestens 10 Minuten kochen lassen und dann pürieren.
- Die Sahne kurz aufkochen, vom Herd ziehen und etwas abkühlen lassen. Die Eigelbe mit dem Zucker verrühren. Die noch heiße Sahne unter ständigem Rühren zur Eigelbmischung geben.
- Gelatine 5 Minuten in kaltem Wasser einweichen, auspressen und mit dem Holunderpüree in die warme Eiersahne rühren.
- Die Creme in einer Schüssel über dem heißen Wasserbad zur Rose abziehen.
- Mit Holunderlikör abschmecken. Über Nacht im Kühlschrank fest werden lassen. Mit frischen Holunderbeeren garniert servieren.

Tipp

Ein dekoratives Zuckergespinst aus Isomalt (Apotheke) herstellen: Das Isomalt in einem kleinen Topf 10 Minuten kochen lassen. Backpapier flach auslegen (oder beliebige Formen, etwa eine umgedrehte Schüssel, damit umwickeln). Aus den Fäden ein Muster aufzeichnen und nach dem Erkalten das Papier vorsichtig lösen.

Für 8 Personen

- 400 g Hagebutten
- 100 g Zucker
- 200 ml Apfelsaft
- 6 Blatt Gelatine
- 500 ml Sahne, steif geschlagen
- 1 Handvoll geschälte Bucheckern

HAGEBUTTENMOUSSE MIT BUCHECKERN

- Hagebutten waschen und abtropfen lassen.
- Den Zucker in einem Topf hell karamellisieren lassen und mit Apfelsaft ablöschen.
- Die Hagebutten zugeben und verkochen lassen. Anschließend durch ein Sieb streichen und das aufgefangene Fruchtpüree nochmals erhitzen.
- Die Gelatine 5 Minuten in kaltem Wasser einweichen, ausdrücken und unterrühren, bis sie sich im Fruchtpüree aufgelöst hat.
- Die Masse über einer Schüssel mit Eiswürfeln kalt rühren und kurz vor dem Anziehen die Sahne unterheben. Mindestens für 3 Stunden kalt stellen.
- Die Bucheckern ohne Fett knusprig anrösten und mit der Mousse servieren.

Für etwa 1 Liter Eis
- 1 l Sahne
- 8 Eigelb
- 100 g Zucker
- Rosenöl-Verdünnung (aus der Apotheke, siehe Tipp)
- 12 Rosenblüten der Heckenrose

Walderdbeerspiegel
Für 4 Personen
- 200 g Walderdbeeren
- 150 g Zucker
- frischer Limettensaft (nach Belieben)

ROSENEIS AUF WALDERDBEERMARK

- *Roseneis:* Sahne aufkochen, vom Herd ziehen.
- Die Eigelbe und den Zucker in einer Schüssel (aus Metall, für das Wasserbad) vermischen und die noch heiße Sahne langsam und unter ständigem Rühren dazugeben.
- Für das Wasserbad in einem Topf einige Zentimeter hoch Wasser zum Sieden bringen und die Schüssel so auf den Topf setzen, dass der Boden das Wasser nicht berührt. Die Eiermischung über dem Wasserbad unter Rühren auf 60 °C erhitzen. So lange weiterrühren, bis sie dick-cremig wird (nicht zu heiß werden lassen, da die Masse sonst gerinnt).
- Die Eiercreme über einer Schüssel mit Eiswasser kalt rühren, dabei 2 Tropfen der Rosenöl-Verdünnung zugeben. Anschließend in eine Eismaschine füllen (siehe Tipp).
- *Walderdbeerspiegel:* Ein paar schöne Walderdbeeren für die Garnitur beiseitelegen. Die restlichen Walderdbeeren mit 150 g feinem Zucker pürieren, bis eine glatte Masse entsteht (wem das zu süß ist, der kann einige Tropfen Limettensaft beigeben).
- Je eine Portion Eis auf einem Spiegel aus Walderdbeermark anrichten. Mit Rosenblättern und restlichen Erdbeeren garniert servieren.

Tipps

Am besten in der Apotheke aus dem Rosenöl eine Rosenöl-Verdünnung *herstellen lassen, und zwar mit Äthanol im Verhältnis 1:10. Man kann auch Rosenwasser verwenden, muss aber selbst herausfinden, wie viel man der Eismischung zugibt, damit das Eis nicht seifig schmeckt, denn die Qualitäten sind sehr unterschiedlich.*
Statt Rosenblüten der Heckenrose *können Sie auch Edel- und Halbedelrosen verwenden, so sie nicht gespritzt sind. Da sie bitter schmecken könnten, sollte man sie vorher probieren und gegebenenfalls am Ansatz des Blütenblattes einen Kegel herausschneiden, denn da befinden sich meist die Bitterstoffe.*
Für ein optimales Resultat nehmen Sie eine Eismaschine. *Falls Sie keine besitzen, können Sie das Eis auch manuell herstellen: Dafür die vorbereitete Eismasse in einen entsprechend großen Gefrierbehälter füllen. Es müssen bis zum Rand mindestens 4 cm frei sein, damit die angefrorene Masse kräftig durchgerührt werden kann. Das Eis 1½ Stunden anfrieren lassen, dann herausnehmen und kräftig mit einer Gabel durchrühren (vom Rand in Richtung flüssigere Mitte vorarbeiten). Die Masse erneut für etwa 2 Stunden einfrieren (sie sollte nicht hart gefroren sein) und in eine Küchenmaschine umfüllen. In der Küchenmaschine 1–2 Minuten rühren, bis sie weich ist. Diesen Vorgang wiederholen. Danach kann das Eis tiefgekühlt werden.*

Für 8 Personen

- je 200g dunkle und weiße Schokolade (oder Kuvertüre)
- 600g Sahne, steif geschlagen
- 6 cl Amaretto

Garnitur

- 1 Handvoll Sauerklee
- verschiedene Beeren nach Belieben

SCHWARZWEISSE SCHOKOTERRINE MIT SAUERKLEE UND BEEREN

- Die dunkle Schokolade über dem heißen Wasserbad schmelzen und langsam wieder abkühlen lassen. Kurz bevor die Schokolade anzieht, die Hälfte der steif geschlagenen Sahne unterheben und mit Amaretto abschmecken.
- Ebenso mit der weißen Schokolade und der restlichen Sahne verfahren (ohne Zugabe von Amaretto).
- In eine Kastenform zuerst die dunkle und dann die weiße Masse füllen und mit einem Kochlöffelstiel marmorieren. Im Eisfach gefrieren lassen.
- In Scheiben aufgeschnitten und mit Sauerklee und Beeren garniert servieren.

WILDPFLAUMENCREME

Für 8 Personen

- 1 kg Wildpflaumen
- 200 ml Apfelsaft
- 200 g Puderzucker
- 500 ml Sahne, steif geschlagen
- 8 Blatt Gelatine
- Zucker
- frischer Zitronensaft (nach Belieben)

- Die Wildpflaumen, den Apfelsaft und den Puderzucker zusammen einkochen, mit einem Kochlöffel zerdrücken und das Püree durch ein Sieb treiben.
- Die Gelatine 5 Minuten in kaltem Wasser einweichen, ausdrücken und in die noch heiße Fruchtmasse rühren, bis sie sich auflöst. In eine größere Schale mit Eiswasser stellen und kalt rühren.
- Wenn die Gelatine anzieht, die Sahne unterheben. Die Creme nach Belieben noch mit etwas Zucker und einem Spritzer Zitronensaft abschmecken.

KLEEBLÜTENGELEE-PANNA-COTTA

Für 6–8 Personen

Panna cotta

- 500 ml Sahne
- 2 cl Amaretto
- 75 g Zucker
- 1 Vanilleschote, Mark ausgekratzt
- 4 Blatt Gelatine

Kleeblütengelee

- 4 Handvoll Kleeblüten, plus ein paar zur Garnitur
- 75 g Zucker
- 500 ml Apfelsaft
- 1 EL Honig
- 6 Blatt Gelatine
- Limettensaft

Himbeer-Aprikosen-Spiegel

- 300 g Himbeeren
- 500 g Aprikosen
- 200 ml Apfelsaft
- ½ TL Kartoffelstärke

- *Panna cotta:* Die Sahne mit dem Amaretto und dem Zucker in einem Topf erwärmen. Das Vanillemark samt Schote hineingeben und kurz aufkochen. Bei schwacher Hitze 10 Minuten köcheln lassen. Die Vanilleschote herausnehmen, den Topf vom Herd ziehen.
- Die Gelatine in kaltem Wasser 5 Minuten einweichen, ausdrücken und in der heißen Sahne unter Rühren auflösen. Die Förmchen zur Hälfte mit Sahne füllen und mindestens 5 Stunden im Kühlschrank fest werden lassen.
- *Kleeblütengelee:* Die Kleeblüten auszupfen. Den Zucker hell karamellisieren lassen, mit Apfelsaft ablöschen, den Honig und die Kleeblüten dazugeben.
- Die Gelatineblätter in kaltem Wasser einweichen, ausdrücken und in die heiße Flüssigkeit rühren. Über Eiswasser kalt rühren. Sobald das Gelee anzieht, dieses auf die Panna cotta geben und die Förmchen über Nacht in den Kühlschrank stellen.
- *Himbeer-Aprikosen-Spiegel*: Die Himbeeren mit der Hälfte des Apfelsafts aufkochen, pürieren und durch ein Sieb drücken. ¼ TL Kartoffelstärke mit 1 EL kaltem Wasser verrühren, unter die Sauce ziehen und kaltstellen.
- Die Aprikosen enthäuten, entsteinen und die Sauce wie oben beschrieben aus den übrigen Zutaten zubereiten.
- Die beiden Saucen als Spiegel auf Tellern anrichten. Das Panna-cotta-Gelee darauf stürzen.

TAGETES *Tagetes*

TAGETES-APFEL-KALTSCHALE

Für 4 Personen

- 50 g Tagetesblüten mit Blättern
- 1 l Apfelsaft, 1 großer Apfel
- 50 g Zucker
- frischer Zitronensaft

- Den Apfelsaft in einen Topf geben und erhitzen (nicht kochen lassen), den Zucker und die gezupften Tagetesblüten und -blätter zugeben und zugedeckt 5 Minuten ziehen lassen.
- Den Apfel schälen, entkernen und in kleine, gleichmäßige Würfelchen schneiden. Mit etwas Zitronensaft beträufeln und zum Apfelsaft geben. Erneut ziehen lassen und im Kühlschrank 3–4 Stunden kalt stellen.

Tipp

Nach Belieben zur Kaltschale etwas Crème fraîche reichen.

Für 4 Personen

Knödel

- 16 rote Kleeblüten
- 400 g Brötchen vom Vortag, gewürfelt
- 200 ml Sahne
- 50 g Butter
- 4 Eier
- 75 g Zucker
- Semmelbrösel (nach Bedarf)
- ½ l Milch

Weiße Kleeblütensauce

- 200 g weiße Kleeblüten
- 2 EL Honig
- 200 ml Apfelsaft
- frischer Zitronensaft
- 100 g kalte Butter

SÜSSE KLEEBLÜTENKNÖDEL

- *Knödel:* Die Brotwürfel in einer Pfanne anrösten. Sahne und Butter in einem Topf erhitzen.
- In einer Schüssel die Semmelwürfel mit der heißen Sahne übergießen und vermengen. Eier und Zucker zugeben. Das Ganze verrühren, bis eine feste Knödelmasse entsteht. Bei Bedarf zur Festigung der Masse noch Semmelbrösel zugeben.
- Den Teig in 8 Portionen teilen, jede Portion mit 2 Kleeblüten füllen und zum Knödel drehen.
- Die Milch in einem großen Topf zum Kochen bringen, vom Herd nehmen, Temperatur herunterschalten. Die Knödel einlegen und bei schwacher Hitze etwa 10 Minuten gar ziehen lassen.
- *Weiße Kleeblütensauce:* Die Kleeblüten abzupfen. Honig in eine Pfanne geben und erwärmen. Weiße Kleeblüten dazugeben und unter ständigem Rühren im Honig sachte köcheln lassen. Mit dem Apfelsaft und einem Spritzer Zitronensaft ablöschen, aufkochen lassen, vom Herd nehmen und die Butter unterziehen.
- Die Knödel anrichten und mit Sauce beträufelt servieren.

VEILCHENMOUSSE MIT MANGO

Für 4 Personen

Veilchenmousse

- 2 Handvoll Veilchenblüten
- 250 g weiße Schokolade
- 50 g Sahne
- 2 Blatt Gelatine
- 250 g Sahne, steif geschlagen
- 1 Mango

Veilchensauce

- 1 Handvoll Veilchenblüten
- 100 ml Sahne
- 20 g Zucker

- *Veilchenmousse:* Die weiße Schokolade mit der flüssigen Sahne über dem heißen Wasserbad unter Rühren schmelzen lassen, die Veilchen unterheben.
- Die Gelatine in kaltem Wasser einweichen, ausdrücken und unter die heiße Schokolade ziehen. Das Ganze über einer Schüssel mit Eis langsam abkühlen, dabei ständig rühren.
- Kurz vor dem Anziehen der Schokolade die geschlagene Sahne unterheben. Die Mousse einige Stunden kalt stellen.
- *Veilchensauce:* Die Sahne aufkochen, Zucker und Veilchenblüten zugeben und kalt stellen. Die erkaltete Sahne mit dem Pürierstab aufmixen.
- Die Mango schälen, in Spalten aufschneiden und mit der Veilchenmousse und Sahnesauce servieren.

Für etwa 500 ml Granité

- 1 kg Staudenknöterichstangen
- 250 ml Apfelsaft
- 1 Vanilleschote, Mark ausgekratzt
- 20 ml Grenadine
- 100 g Zucker
- ein Spritzer frischer Limettensaft
- 2 El Honig
- 1 Flasche Sekt

Garnitur

- einige Blüten des Jelänger-jelieber

STAUDENKNÖTERICH-GRANITÉ

- Knöterich waschen und in 1 cm dicke Stücke schneiden. Mit Apfelsaft, Vanillemark, Grenadine, Zucker und Limettensaft kochen, bis der Knöterich sehr weich ist.
- Das Kompott durch ein Sieb streichen, nochmals aufkochen und mit Honig abschmecken.
- Auf etwa 300 ml reduzieren lassen und nach dem Abkühlen mit Sekt auf 500 ml auffüllen.
- In einem geschlossenen Behälter 24 Stunden einfrieren.
- Vor dem Servieren mit einem Löffel oder einer Gabel das Eis grob abschaben.
- In schönen Gläsern anrichten, erneut mit Sekt auffüllen und mit den Blüten des Jelängerjelieber dekoriert servieren.

FICHTENSPITZENCOCKTAIL

Für etwa 200 ml Sirup
- 200 g Fichtenspitzen
- 100 g Zucker
- 200 ml Weißwein oder Mineralwasser
- Sekt oder Prosecco zum Aufgießen

- Den Zucker karamellisieren lassen, mit Wein oder Mineralwasser ablöschen und aufkochen. Die Fichtenspitzen zugeben, nochmals kurz aufkochen und bei geschlossenem Deckel etwa 20 Minuten ohne Hitze ziehen lassen. Den Sirup abpassieren und in eine Flasche füllen.
- Etwas Sirup in ein Sektglas geben und mit eisgekühltem Sekt oder Prosecco auffüllen.

Tipp
In einem geschlossenen Gefäß ist der Sirup etwa 1 Woche im Kühlschrank haltbar.

SCHLEHENSIRUP

Für etwa 250 ml Sirup
- 2 kg Schlehen
- 200 g Zucker
- 4 Zitronen, Saft ausgepresst

- Falls die Schlehen noch vor dem ersten Frost geerntet wurden, über Nacht einfrieren.
- Die Schlehen mit soviel Wasser aufsetzen, dass sie etwa zur Hälfte damit bedeckt sind. Einmal aufkochen lassen und zugedeckt auf kleinster Hitze 1 Stunde ziehen lassen. Danach in ein Sieb abgießen, Saft dabei auffangen.
- Den Zucker mit 150 ml Wasser unter Erhitzen und Rühren auflösen. Den Schlehen- und Zitronensaft zur Zuckerlösung geben. Abschmecken und eventuell mit Zucker nachsüßen; in diesem Fall erneut erhitzen, bis der Zucker sich aufgelöst hat.
- Den Sirup durch ein feines Sieb in ein verschließbares Gefäß abfüllen.

Tipp
Der Sirup ist etwa 1 Woche im Kühlschrank haltbar. Er eignet sich sehr gut zum Verfeinern von Wildgerichten und Wildsaucen sowie als Aperitif, mit eisgekühltem Sekt oder Prosecco aufgefüllt.

FICHTENSPITZEN *Picea abies*

Für 4 Personen

- 400 g Fichtenspitzen
- 200 g Zucker
- 400 ml Weißwein oder Mineralwasser
- 4 Blatt Gelatine
- frischer Zitronensaft

FICHTENSPITZENGELEE

- Zunächst 4–6 Fichtenspitzen beiseite legen.
- Den Zucker karamellisieren lassen, mit Wein oder Mineralwasser ablöschen und aufkochen. Die Fichtenspitzen zugeben, nochmals kurz aufkochen und zugedeckt etwa 20 Minuten ohne Hitze ziehen lassen. Den Sirup durch ein Sieb abpassieren. Die beiseite gelegten Fichtenspitzen klein hacken und wieder zugeben.
- Die Gelatine in kaltem Wasser einweichen, ausdrücken und in dem heißen Sirup unter Rühren auflösen. Einen Spritzer Zitronensaft zugeben, dann schmeckt das Gelee fruchtiger.
- Alles in eine Pyramiden- oder Pastetenform geben und das Gelee darin erkalten lassen. Zum Servieren auf Teller stürzen.

Für 4 Personen

Sirup (ergibt etwa 500 ml)

- 400 g Fichtenspitzen
- 200 g Zucker
- 400 ml Weißwein oder Mineralwasser

Sorbet

- 300 ml Fichtenspitzensirup
- 30 g Glucose (aus der Apotheke)
- 1 Eiweiß, steif geschlagen

Kandierter Breitwegerich

- pro Person 1 großes Breitwegerichblatt
- 25 g Zucker

Garnitur

- Glockenblumen und Malven

FICHTENSPITZENSORBET AUF KANDIERTEM BREITWEGERICHBLATT

- *Sirup:* Den Zucker karamellisieren lassen, mit Wein oder Mineralwasser ablöschen und aufkochen. Die Fichtenspitzen zugeben, nochmlas kurz aufkochen und zugedeckt etwa 20 Minuten ohne Hitze ziehen lassen. Den Sirup durch ein Tuch oder feines Sieb filtern und mit der Glucose einmal aufkochen lassen.
- *Sorbet:* 300 ml vom Sirup abmessen, in eine Eismaschine füllen und darin anfrieren lassen. Danach herausnehmen, das Eiweiß unterziehen und die Masse wieder zurück in die Eismaschine geben. Zum Sorbet gefrieren lassen.
- *Kandierter Breitwegerich:* Die Breitwegerichblätter waschen und die Strünke ziehen. Dafür den Stängel nach hinten brechen und über das Blatt ziehen. Dabei werden die meisten Fasern entfernt.
- Die Breitwegerichblätter durch das Zuckerwasser ziehen, in Kristallzucker oder braunem Zucker wenden und eine halbe Stunde trocknen lassen. 25 g Zucker in etwas Wasser auflösen.
- Je ein Blatt kandierten Breitwegerich zusammen mit einer Portion Fichtenspitzen-Sorbet anrichten und mit Glockenblumen und Malvenblüten garniert servieren.

MÄDESÜSSCREME

Für 6–8 Personen

- 6 Blütenrispen vom Mädesüß
- 1 l Sahne
- 125 g Zucker
- 6 Blatt Gelatine

Garnitur

- einige Mädesüß-Blüten

- 300 ml Sahne in einem Topf erhitzen. Die abgezupften Mädesüßblüten mit dem Zucker darin aufkochen, vom Herd ziehen und mindestens 30 Minuten zugedeckt ziehen lassen (wenn der Geschmack intensiver gewünscht wird, über Nacht kühl stellen).
- Die Sahne durch ein grobes Sieb streichen, erneut erwärmen. Die in Wasser eingeweichte, ausgedrückte Gelatine in der heißen Sahne auflösen. Auf Eis stellen und unter Rühren abkühlen lassen.
- Die restliche Sahne steif schlagen und kurz vor dem Anziehen unter die Creme heben.
- In ein Gefäß abfüllen und für 3–4 Stunden kalt stellen.

MÄDESÜSS Filipendula ulmaria

MÄDESÜSS-MILCHSHAKE

Für etwa 1 Liter

- 100 g Mädesüßblüten
- 1 l Milch
- 50–80 g Zucker (je nach Geschmack)

- Mädesüßblüten mit Milch und Zucker in einem Topf erhitzen, abkühlen lassen.
- Die Milch über Nacht im Kühlschrank stehen lassen.
- Am nächsten Tag durch ein Sieb passieren, mit einem Mixer oder Pürierstab kurz aufschäumen und servieren.

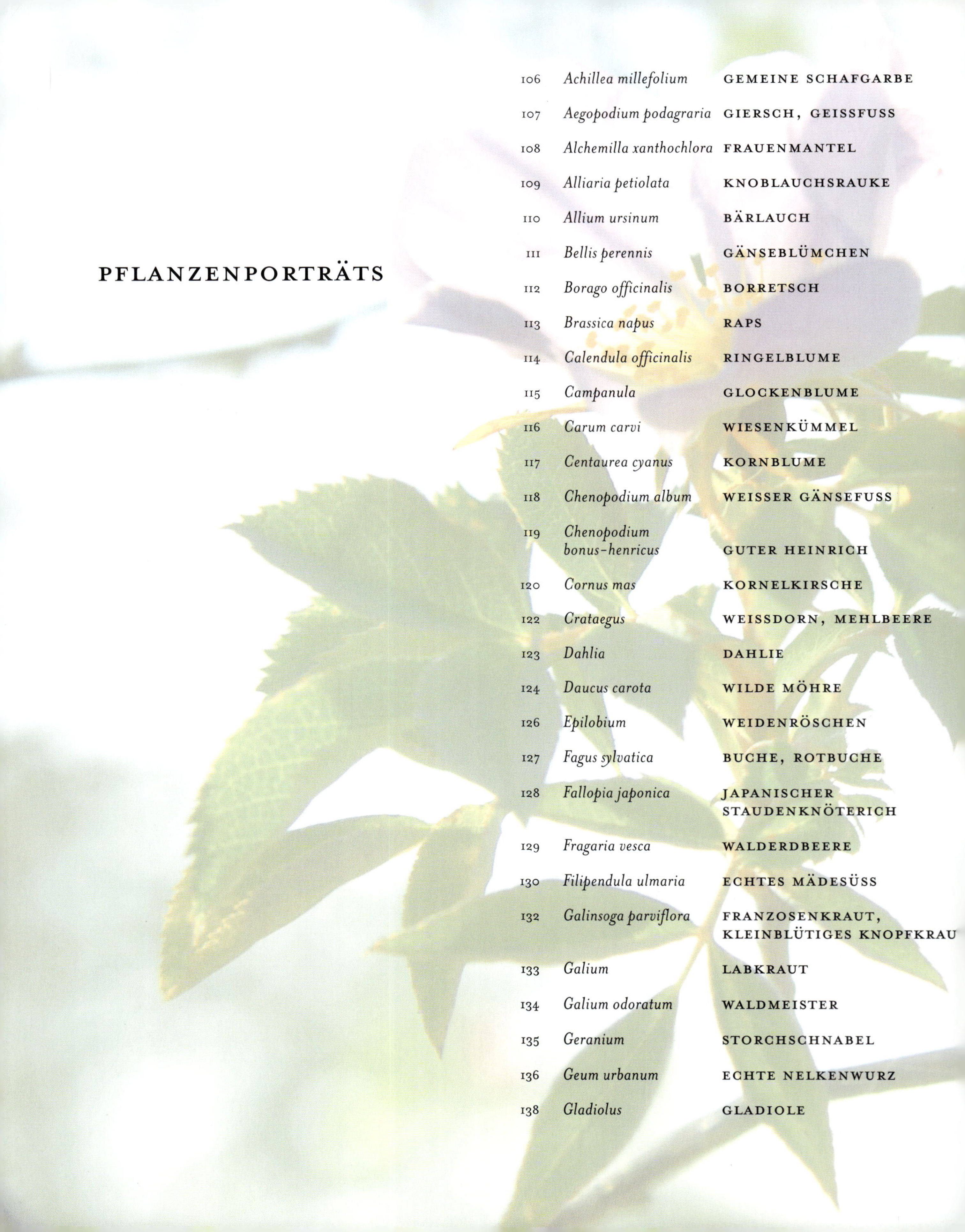

PFLANZENPORTRÄTS

GEMEINE SCHAFGARBE *Achillea millefolium* L.

Der lateinische Name der Schafgarbe beschreibt zwei ihrer Eigenschaften: Das Wort „Achillea“ geht auf den griechischen Gott Achilles zurück, der die Schafgarbe zur Wundheilung besonders nach Kriegsverletzungen verwendet haben soll. Tatsächlich wird die Schafgarbe in der Medizin auch heute noch als Mittel zur Förderung der Wundheilung verwendet. Sie besitzt ähnliche Wirkstoffe wie die Kamille *(Matricaria recutita)* und gehört ebenso in die Familie der Korbblütler. Das Wort „millefolium“ heißt übersetzt „tausendblättrig“ und so wirkt das Grün der Schafgarbe bei genauem Hinsehen auch. Die Blätter sind zwei- bis dreifach sehr fein fiederschnittig geteilt. Sie stehen vielfach und oft büschelig am Grund. Auch der Blütenstiel trägt einzelne, aber meist kleinere Blätter.

Die vielen kleinen Blüten bilden eine Scheindolde, meistens in weißer Farbe, aber auch zartrosa bis dunkelrosa Blüten kommen bei der Wildform vor. Gezüchtet wird die Schafgarbe auch in Gelb-, Rostrot- und Rotbraun-Tönen. Man findet Schafgarben in Wiesen, besonders Trockenwiesen, an Weg- und Straßenrändern. Sie ist eine sehr robuste und genügsame Pflanze. Für die Medizin wird die blühende Pflanze gesammelt, und zwar von Juli bis September. In der Küche verwendet man auch die frischen, jungen Blätter – am besten zeitig im Frühling gepflückt – als Gewürz.

Nicht nur wer von einer Korbblütlerallergie geplagt ist, muss auf diese wertvolle Pflanze leider verzichten; es gibt auch Personen, die auf Berührung mit der Schafgarbe Hautreizungen, eine sogenannte Kontaktdermatitis, bekommen.

Die Schafgarbe, die sehr würzig und ganz leicht bitter im Geschmack ist, wird medizinisch als appetitanregendes Mittel verwendet. So eignet sie sich auch in der Küche besonders gut zur Würze von Vorspeisen, um den Fluss der Magensäfte anzuregen. Die jungen Blättchen werden auch gerne als Gewürz in grünen Saucen oder Suppen verwendet. Im Sommer kann man die Blüten beigeben.

GIERSCH, GEISSFUSS *Aegopodium podagraria* L.

Der Giersch, oft auch Geißfuß genannt, aus der großen Familie der Doldengewächse zählt sicher zu den meistgehassten Unkräutern der Kleingärtner. Dies liegt besonders an einem Merkmal, das ihn von anderen Familienmitgliedern unterscheidet: seinen langen unterirdischen Ausläufern, deren kleinste Bruchstücke wieder neue Pflanzen treiben können. Durch sie ist es so gut wie unmöglich, den Giersch vollständig auszurotten. Auch bezüglich seines Standorts ist er nicht wählerisch und daher so gut wie überall zu finden. Es erweckt aber den Anschein, als hätte er eine besondere Vorliebe für Gärten.
Weitere Erkennungsmerkmale sind die doppelt dreizählig gefiederten Blätter mit gesägtem Rand, die einem Ziegenfuß ähneln, und der typische Geruch, der beim Sammeln durch freiwerdendes ätherisches Öl wahrgenommen wird. Als einziger Vertreter der Doldengewächse hat der Giersch dreikantige Blattstiele, beim Pflücken lässt sich der dreieckige Querschnitt sehr gut erkennen. Es gilt aber, was bei jedem Doldengewächs (siehe Hinweise unter *Carum carvi*) und im Übrigen auch für das Sammeln von Pilzen gilt: Man muss sehr genau aufpassen und darf nur sammeln, wenn man sich absolut sicher ist. Im Zweifelsfall immer einen Experten befragen.
Außer dem bereits erwähnten ätherischen Öl enthält der Giersch auch Kaffeesäure, Flavonoide, Carotin, viel Vitamin C und relativ viel Kalium. Er gilt in der Volksmedizin teilweise noch heute als Mittel gegen Gicht und Rheuma. Wegen des Kaliums wirkt er harntreibend und er hat zudem leicht entzündungshemmende Eigenschaften.

Wer einmal herausgefunden hat, wie wohlschmeckend und vielseitig verwendbar der Giersch in der Küche ist, wird ihn in seinem Garten nicht mehr so sehr verdammen.
Die zarten, hellgrünen, noch nicht ganz aufgefächerten Blätter eignen sich als Salat oder klein gehackt als Salatwürze, vermischt mit Sauerrahm für Brotaufstriche und Dips oder in Suppen. Die älteren Blätter, die Blattstiele und auch die Blüten eignen sich als Gemüse, für grüne Saucen, Aufläufe und vieles mehr.
Der Geschmack ist sehr aromatisch, vollmundig und erinnert ein wenig an Petersilie.

FRAUENMANTEL *Alchemilla xanthochlora* ROTHM.

Der Frauenmantel ist, auch wenn es auf den ersten Blick überraschen mag, ein Rosengewächs. Wenn man ihn betrachtet, so lässt sich sein Name sehr leicht ableiten, und zwar von der Form seiner rundlichen Blätter, die wie ein Faltenrock oder ein plissierter Umhang aussehen. Die gelblich grünen Blüten, die man vom Mai bis in den Hochsommer und vereinzelt sogar noch im Herbst finden kann, stehen in Knäueln an einem rispig verzweigten Stiel. Eine größer gezüchtete Abart sieht man des Öfteren in Ziergärten, die dekorativen Blütenstände werden gerne von Floristen in Sträuße mit eingebunden.

Den wilden Frauenmantel findet man sehr häufig in Wiesen. Mit seinem Untergrund ist er nicht wählerisch. Im Gebirge heimisch ist sein engster Verwandter, der Silbermantel, mit tiefer geteilten Blättern, die auf der Unterseite stark silbrig behaart sind.

Frauenmantel enthält Gerbstoffe und Flavonoide. Seine medizinische Anwendung findet er als Tee gegen leichte Durchfallerkrankungen. Als Mittel gegen die verschiedensten Frauenkrankheiten wurde er früher wohl seines Namens wegen verwendet. Es gibt aber keinerlei Anhaltspunkte für eine derartige Wirkung.

In der Küche kann man die zarten Blättchen Wildkräutersalaten als hübsche Zutat beifügen. Sie haben einen ganz leicht bitteren Geschmack. In einem Blütensalat kann man sie gut mit gelbgrünen Lindenblüten kombinieren, sie sorgen für grüne Farbnuancen.

KNOBLAUCHSRAUKE *Alliaria petiolata* CAV. ET GRANDE

Die Knoblauchsrauke gehört zur großen Familie der Kreuzblütler, den *Brassicaceae*, was man aus dem Lateinischen auch mit „Rübenkräuter" übersetzen könnte und womit man gleich an einen Verwandten, den Rettich, erinnert wird. Die Inhaltsstoffe, nämlich Senfölglykoside, unterstreichen die enge Verwandtschaft und sind für den knoblauchähnlichen Geruch der zerriebenen jungen Pflanze verantwortlich. Sie verleihen der Pflanze auch ihre leicht antibiotischen Eigenschaften. Daneben enthält die Knoblauchsrauke auch sehr viel Vitamin C und Provitamin A, was sie gerade im Frühling, wenn sie geerntet werden kann, als Nahrung so wertvoll macht.
Sie ist ein weitverbreitetes „Unkraut", das man oft in Gesellschaft der Brennnessel an Gebüschen und auf Staudenfluren findet. Ihre Blätter sind gestielt, buchtig gezähnt und fast herzförmig, so dass sie manchmal an ein großes Veilchenblatt erinnern. Die kleinen weißen Blütchen stehen am Ende des aufrechten, 60 bis 80 cm hohen Stieles, der sich nach der Blüte noch weiter streckt und viele schmale vierkantige, abstehende Schötchen trägt. Die kleinen Samenkörnchen schmecken walnussähnlich, sind aber nicht effektiv zu ernten, da sie oftmals ungleichmäßig reifen und sehr klein sind.
Gesammelt werden die frischen jungen Blättchen noch vor der Blüte, Ende April bis Anfang Mai. Verwechslung mit jungen Brennnessel- oder auch Veilchenblättern ist möglich, wenn man nicht gut aufpasst. Zur genauen Unterscheidung hilft aber ganz eindeutig der Geruch beim Pflücken.

Knoblauchsrauke lässt sich wegen ihres würzigen Geschmacks sehr gut zum Verfeinern von Frühlingsspinaten oder grünen Saucen verwenden. Das frisch gehackte Kraut sollte aber nicht lange gekocht, sondern erst am Ende der Garzeit beigefügt werden, so werden Geschmack und Vitamine erhalten. Immer etwas Fett zugeben, damit das Provitamin A aus der Pflanzenzelle gelöst wird.

BÄRLAUCH *Allium ursinum* L.

Der Bärlauch, auch als „wilder Knoblauch“ bezeichnet, zählt zu den ältesten Würz- und Heilpflanzen unseres Kulturkreises. Nachdem er lange in Vergessenheit geraten war, hat er erst in jüngster Zeit eine schier beispiellose Renaissance erlebt und ist in zahlreichen Lebensmitteln (beispielsweise in Wurst, Pesto, Saucen) enthalten. Auch in der Phytotherapie erinnert man sich seiner wieder mehr als früher. Dies führte dazu, dass seine Wildbestände stark zurückgegangen sind. Man sollte also bei der Wildsammlung umsichtig mit der Pflanze umgehen und bei größerem Bedarf auf Pflanzen aus Garten- oder Feldanbau zurückgreifen.
Als Standort bevorzugt der Bärlauch lichte Laubwälder, besonders Buchenwälder auf Kalkboden, wo er im Frühling seine Blätter oft über weite Areale, den ganzen Boden bedeckend, austreibt. Für Bären war er nach dem Winterschlaf die erste, recht beliebte Nahrung, daher hat er auch seinen Namen.
Achtung: Verwechselt wird Bärlauch von Unkundigen mit den stark giftigen Herbstzeitlosenblättern oder auch den ebenso giftigen Maiglöckchenblättern. Es unterscheidet ihn in erster Linie sein Geruch, der allerdings beim Pflücken an den Händen so stark anhaftet, dass man glaubt, ihn auch an fremden Blättern wahrzunehmen. Die Blüten, kleine weiße Sternchen in kugeligen Scheindolden, sind natürlich ein deutliches Unterscheidungsmerkmal zum Maiglöckchen. Außerdem haben die Blätter des Bärlauchs deutliche Stiele, was ihn besonders von der Herbstzeitlose unterscheidet. Wegen der starken Giftigkeit von Herbstzeitlose und Maiglöckchen ist der Bärlauch nur zu verwenden, wenn eine Verwechslung ausgeschlossen ist.
Gesammelt werden kann der Bärlauch von Mai bis Juni. Nach der Blüte verschwindet er wieder. Essbar ist die gesamte Pflanze, auch die recht schmale Zwiebel und die Blüte. Die Inhaltsstoffe sind schwefelhaltige organische Verbindungen. Sie sind sowohl verantwortlich für den Geruch und Geschmack als auch für die medizinische Wirkung.

Wie alle Lauchgewächse besitzt auch der Bärlauch leichte antibakterielle Eigenschaften. Besondere Bedeutung fand in letzter Zeit seine blutdrucksenkende Wirkung; auch die Cholesterinwerte werden günstig beeinflusst.
Da die Wirkung des Bärlauchs milder ist als die des Knoblauchs, können Personen, die Knoblauch schlecht vertragen oder diesen wegen des oft lang anhaltenden Geruchs meiden, den Bärlauch meist bedenkenlos genießen.

Verwendet man Bärlauch in der Küche, so sollte man beachten, dass seine Geschmacksstoffe, die auch für die Gesundheit wertvoll sind, durch Erhitzen weitgehend zerstört werden. Er ist deshalb roh zu verwenden oder den Gemüse- und Saucenzubereitungen, die heiß serviert werden, erst ganz am Ende der Garzeit, kurz vor dem Servieren, beizufügen. Nur so kommt der zarte Knoblauchgeschmack voll zur Geltung.

GÄNSEBLÜMCHEN *Bellis perennis* L.

Das Gänseblümchen braucht wohl kaum beschrieben zu werden, es kennt in unseren Breiten so ziemlich jedes Kind. Seit es viele Parks und Gärten mit kurz geschnittenem Rasen gibt, konnte es sich so richtig ausbreiten.

Es hat viele weitere Namen, die auf seine Schönheit und Lieblichkeit hinweisen, wie es auch der lateinische Name mit dem Wort „bellis" tut. Das Wort „perennis" bedeutet „das ganze Jahr hindurch", und so verhält es sich auch mit seinem Fleiß, zu blühen. Es beginnt damit schon zeitig im Frühling und endet erst dann, wenn der Schnee es zudeckt.

In letzter Zeit findet es vermehrt Einzug in die Küche, besonders als Zutat in Salaten.

In der klassischen Medizin wird es kaum verwendet, dagegen in der Homöopathie häufig bei Verstauchungen und Prellungen eingesetzt. In der Volksmedizin nutzt man es als Frühjahrskur, bei Leberleiden und Hautkrankheiten.

Die wichtigsten sekundären Pflanzeninhaltsstoffe sind Triterpensaponine und Flavonoide.

Wichtig zu wissen ist, dass das Gänseblümchen zu den Korbblütlern, den *Asteraceae* oder früher *Compositae* gehört und deswegen von Personen, die an einer Korbblütlerallergie leiden, nur mit Vorsicht zu genießen ist.

Die jungen Blütchen schmecken etwas nussig. Je älter sie werden, umso mehr entwickeln sich die in den Blüten enthaltenen Bitterstoffe. Gänseblümchen werden jedoch allenfalls zartbitter im Geschmack, sodass sie als Beigabe zu einem Salat nicht nur ein hübsches Aussehen, sondern auch einen delikaten Geschmack garantieren.

Auch die jungen, inneren Blättchen der Blattrosette können gegessen werden.

Aus den Blütenknospen kann man durch Einlegen in Essig „falsche Kapern" herstellen.

BORRETSCH *Borago officinalis* L.

Der Borretsch ist eine an Blättern und Stielen sehr borstig behaarte Pflanze aus der Familie der Raublattgewächse. Seine Heimat ist das Mittelmeergebiet, wo er auf Brachflächen zu finden ist. Bei uns wurde er seit dem Mittelalter kultiviert und wächst gerne in Gärten zwischen den Salat- oder Kohlköpfen. Zuweilen aber flüchtet er aus den Gärten und man findet ihn verwildert.
Wie bei seinen Familienangehörigen sind die Blüten zuerst rosa, bis sie sich zur vollen Blüte azurblau verfärben. Die Zipfel der Blüten, fünf an der Zahl, schlagen sich tellerförmig auf, aus der Mitte ragen die schwarzvioletten Staubbeutel, eng zu einem Kegel aneinandergelegt, sodass die Blüten einen ganz aparten Reiz erhalten und eine beliebte Dekoration für Salate wie auch für Süßspeisen sind. Man sollte aber beachten, dass die Blüten nicht in der Marinade liegen, da sie sich unter Einwirkung von Säure rötlich verfärben.
Mit seinen Verwandten hat der Borretsch aber leider auch manche Inhaltsstoffe gemein, außer Schleimstoffen und Gerbstoffen sind das auch toxische Pyrrolizidinalkaloide (siehe unter *Pulmonaria officinalis*). Deswegen wird Borretsch medizinisch nicht verwendet. Nur seine Samen, die keine giftigen Alkaloide enthalten, dafür aber in ihrem fetten Öl einen sehr hohen Anteil der äußerst wertvollen Gamma-Linolensäure besitzen, werden zur Behandlung besonders von Neurodermitis eingesetzt. In den anderen Pflanzenteilen sind die Giftstoffe nur in sehr geringen Konzentrationen vorhanden, sodass gegen einen Gebrauch als Gewürz, das gelegentlich und nicht dauerhaft genommen wird, nichts einzuwenden ist. Auch die Tatsache, dass die Blüten in der Literatur unterschiedlich, als alkaloidfrei oder alkaloidhaltig, beschrieben werden, deutet auf die sehr niedrige Konzentration hin.

Die jungen Blätter des Borretsch haben einen gurkenähnlichen Geschmack, weshalb man den Borretsch auch als „Gurkenkraut“ bezeichnet. Sie eignen sich sehr gut als Salatgewürz und bringen einen recht hohen Vitamin-C-Anteil mit. Wegen der rauen Behaarung müssen sie klein geschnitten werden. Sie sind nur frisch zu verwenden, zum Trocknen eignen sie sich nicht.
Die essbaren Blüten geben eine hübsche Dekoration.

RAPS *Brassica napus* L.

Der Raps hat als Kreuzblütler (*Brassicaceae*) tatsächlich „Kraut und Rüben“ in seiner Familie, ebenso wie den schwarzen und den weißen Senf. Die vielen, leuchtend gelb blühenden Rapsfelder zeichnen ganze Landschaften. Häufig kann man den Raps auch verwildert finden.

Raps wird in unseren Breiten so viel angebaut, weil er zu den nachwachsenden Rohstoffen zählt und in großen Mengen zum Einsatz kommt, etwa als Biodiesel. Als Lieferant von Speiseöl hatte er, zumindest bis zum Ende des 20. Jahrhunderts, nur zweitrangige Bedeutung. Das mag daran liegen, dass das Rapsöl wegen seines scharfen und bitteren Geschmacks als Speiseöl der armen Leute galt. Der scharfe Geschmack kommt von den enthaltenen Allylsenfölen. Allylsenföle sind schwefelhaltige Verbindungen, die in vielen Lauchgewächsen und auch im Senf (daher der Name) vorhanden sind. Sie wirken antibiotisch und sind für die Schärfe verantwortlich. Da sie die Schleimhäute sehr reizen, muss man zum Beispiel beim Zwiebelschälen weinen.

Auch war früher im Rapsöl Eruca-Säure enthalten, die, besonders in größeren Mengen und über längere Zeit genossen, giftig wirken konnte. Während des Zweiten Weltkriegs wurde Rapsöl zur Margarineherstellung verwendet.

Seit den 80er-Jahren wird sogenannter „Null-Raps“ angebaut, dessen Öl milder im Geschmack ist und keine Eruca-Säure enthält. Es ist ein wertvolles Speiseöl mit einem sehr hohen Anteil an essenziellen Fettsäuren, besonders α-Linolensäure, und es findet allmählich sogar Einzug in die Sterneküche.

Damit Raps auch als Gemüse pikant schmeckt, sollte er nicht alleine, sondern zusammen mit anderen, kräftig schmeckenden Gemüsesorten gekocht werden. Da die Stiele hart und zäh werden, sind nur die oberen Teile junger Pflanzen zu verwenden. Beim Sammeln ist darauf zu achten, dass keine Belastung durch Schädlingsbekämpfungsmittel oder Überdüngung besteht. Man sollte beim Bauern nachfragen, ob der Raps für Speiseölzwecke geeignet ist. Das gilt auch für Gegenden, in denen das Grundwasser durch Überdüngung viel zu hohe Nitratwerte aufweist, beispielsweise in Weinbaugebieten.

RINGELBLUME *Calendula officinalis* L.

Die Ringelblume mit ihren gelb- bis orangefarbenen Blüten ist als alte Heil- und Zierpflanze eine traditionelle Blume unserer Bauerngärten. Man findet sie auch verwildert in der Nähe von Kulturen; im Heilpflanzenanbau sieht man ganze Felder, die während der Blütezeit von Juli bis in den Spätherbst hinein besonders schön anzusehen sind. Geschätzt wird die Pflanze wegen ihrer entzündungshemmenden, die Wundheilung fördernden Eigenschaften, die auf Triterpenalkohole und Flavonoide zurückzuführen sind. Man nutzt dies in Cremes und Salben und auch die Kosmetikindustrie macht sich die hautpflegenden Eigenschaften zunutze.
In Tees dient die Ringelblume meist nur zur Zierde, als sogenannte „Schmuckdroge". Ihre krampflösende Wirkung auf die Galle bei innerlicher Anwendung ist in der Volksmedizin beschrieben, aber nicht wissenschaftlich belegt.
Es treten bei der Verwendung von Ringelblume seltener Allergien auf als bei ihrer als Heilpflanze bekannten Verwandten, der Arnika. Dennoch sollten Allergiker, besonders Personen mit Korbblütlerallergie, Ringelblumen generell mit Vorsicht anwenden.

Die orangegelben Zungenblütenblätter der Ringelblume sind eine Zierde für so manches Sommergericht. Da die Blüten im Gegensatz zu anderen Korbblütlern keine Bitterstoffe enthalten, sondern vielmehr durch den Gehalt an ätherischem Öl einen leichten, sehr angenehmen Duft tragen, wirken sie geschmacklich nicht störend und passen gut zu süßen wie pikanten Gerichten.

GLOCKENBLUME *Campanula* L.

Sehr viele Arten der Glockenblumen begleiten uns auf Spaziergängen durch den Sommer. Sie wachsen in Wiesen, auf Äckern und an Wegrändern; aber auch die Blumenzüchter haben ihren Gefallen daran gefunden und schmücken unsere Gärten mit blau, violett und weiß blühenden Stauden und zieren die Steingärten mit üppig blühenden, blauvioletten Polstern.
Da die Blütenkronblätter recht weit miteinander verwachsen sind, sehen die Blüten aus wie kleine Glöckchen und haben den Glockenblumen ihren Namen gegeben.
Auch die Blüten des Fingerhutes, der *Digitalis*, haben diese Form, weshalb manchmal fälschlicherweise der Fingerhut auch als Glockenblume bezeichnet wird. Dies ist ein gefährlicher Irrtum, denn der Fingerhut enthält die sehr stark giftigen Digitalis-Glykoside und darf unter keinen Umständen in der Küche landen.
Eine Verwechslung beider Pflanzen ist bei genauerem Hinsehen kaum möglich. Am einfachsten sind die beiden an der Blütenfarbe auseinanderzuhalten. Der Fingerhut blüht in Weiß-, Rosa- und Rottönen (auch eine elfenbeinfarbene Art kommt bei uns vor), die charakteristische Farbe der Glockenblume ist blau oder violett. Die elfenbeinfarbene Art des Fingerhuts ist sehr selten und steht – wie übrigens alle Arten des Fingerhuts – unter Naturschutz, darf also nicht gesammelt werden.

Die Blüten der Glockenblumen können in der Küche als essbarer Blumenschmuck verwendet werden. Die Blättchen der Rapunzel-Glockenblume werden manchmal im Frühling als Rapunzelsalat gegessen, so wie die Triebe des kleinblütigen Weidenröschens (siehe unter Epilobium*). Die Wurzeln sind essbar, weshalb diese Art in Frankreich und in England sogar einst kultiviert worden ist.*

WIESENKÜMMEL *Carum carvi* L.

Das bekannteste und in unseren Breiten am längsten verwendete Gewürz ist der Kümmel. Er ist ein Vertreter der Doldengewächse, der *Apiaceae* oder früher *Umbelliferae* genannt.
Zu dieser sehr großen Pflanzenfamilie gehören viele kultivierte Würz- und Gemüsepflanzen wie die Karotte, Petersilie, Pastinake, der Dill, Liebstöckel, Koriander, Fenchel, Anis und viele mehr, aber auch viele Giftpflanzen. Das bekannteste Beispiel dafür ist wohl der Schierling, der als Aufguss dem Philosophen Sokrates einst als Todesbringer gereicht worden ist.
Die Doldengewächse sind sich alle sehr ähnlich und sollten deshalb nur von wirklichen Experten wild gesammelt werden, um Verwechslungen mit schweren Folgen in Form von Vergiftungen zu vermeiden.
Der Wiesenkümmel gehört zu den weiß blühenden Arten. Er liebt magere, kalkhaltige Wiesen und wird meist nicht sehr hoch. Seine Blätter sind zwei- bis dreifach gefiedert und wirken sehr filigran. Beim Zerreiben der Fruchtstände, auch in noch grünem Zustand, entwickelt er den typischen Kümmelgeruch. Dadurch kann man ihn von anderen Doldengewächsen unterscheiden.
Kümmel enthält ätherisches Öl, dem er seine medizinische Wirkung als Mittel gegen Blähungen und Bauchkrämpfe verdankt. Er wirkt auch leicht antibakteriell.

Als Zutat in Likören und Destillaten ist Kümmel als Digestivum beliebt.
In der Küche ist er ein fast unverzichtbares Gewürz für schwer verdauliche und blähende Speisen.
Die Samenstände und die grünen Blättchen sind in noch unreifem Zustand ein delikates Gewürz von nicht so sehr dominantem Geschmack, gut geeignet für Suppen oder zu Lamm.

KORNBLUME *Centaurea cyanus* L.

Zusammen mit Kamille und Klatschmohn zaubert die Kornblume mit ihren leuchtend blauen Blüten kräftige Farben in die heranreifenden Getreidefelder. Sie gedeiht jedoch nicht auf überdüngtem Boden, weshalb ihre Bestände zurückgegangen sind. In letzter Zeit nehmen sie aber erfreulicherweise wieder zu. Die Stiele und die Unterseiten der sehr schmalen Blätter sind weißfilzig behaart. Die Randblüten der im ovalen Körbchen sitzenden Blüten sind meist blau, zuweilen auch weiß oder violett und wie kleine Röhren geformt, mit tief eingesägten Zipfeln. Ihre Anwendung als Heilmittel bei entzündlichen Hautreizungen ist wissenschaftlich nicht bewiesen. Man findet die Kornblume in vielen Arzneitees als sogenannte „Schmuckdroge“, um das Aussehen zu verschönern.

Als „Schmuckdroge“ für delikate Gerichte könnte man die Randblüten der Kornblume auch in der Küche bezeichnen. Ihr Geschmack ist knackig und frisch.

WEISSER GÄNSEFUSS *Chenopodium album* L.

Der Weiße Gänsefuß wird zu den am weitesten verbreiteten Unkräutern gezählt. Er ist ein einjähriges Kraut, das auf Unkrautfluren, Äckern, Schuttplätzen und Komposthaufen zu finden ist. Er kann bis über 1 m hoch werden und ist weißlich mehlig bestäubt. Die grünlichen Blüten sind knäuelartig zusammengedrängt und bilden einen rispenähnlichen Blütenstand.
In Indien wird der Weiße Gänsefuß kultiviert und wie Spinat als Kochgemüse verwendet.
Da in Pfahlbauten größere Mengen an Samen gefunden wurden, schließt man auf einen prähistorischen Anbau dieser Pflanze. Die Samen sind nach 1700 Jahren noch keimfähig.
Der Weiße Gänsefuß enthält Saponine und wirkt leicht abführend.

Die Blätter des Weißen Gänsefußes ergeben einen äußerst schmackhaften Spinat. Wegen der enthaltenen Saponine sollten sie aber keinesfalls roh gegessen werden. Wenn man das Gemüse nur ab und zu einmal kocht und genießt, ist medizinisch nichts dagegen einzuwenden.

GUTER HEINRICH *Chenopodium bonus-henricus* L.

Der Gute Heinrich lässt sich als Vorläufer des Spinats bezeichnen. Er galt früher als sehr beliebtes Blattgemüse und wurde sozusagen vom Spinat abgelöst.
Als Mitglied der Familie der Gänsefußgewächse, aus der viele beliebte Rübensorten gezüchtet wurden, wie etwa die Rote Bete oder die Zuckerrübe, hat auch der Gute Heinrich einen verdickten Wurzelstock und eine Pfahlwurzel.
Seine fleischigen Blätter sind spitzig und besonders im jungen Zustand mehlig bestäubt, später dunkelgrün. Die unscheinbaren grünen Blüten bilden, aus den Blattachseln entspringend, einen rispigen Blütenstand. Eine kräftige Pflanze kann bis zu 80 cm hoch werden.
Der Gute Heinrich liebt stickstoffreiche Böden, deshalb findet man ihn meist dort, wo das Land bereits kultiviert war, bei aufgelassenen Bauernhöfen oder auf Schuttplätzen. Die beste Erntezeit ist im Juni, er kann aber auch später, bis in den Herbst hinein, abgeschnitten werden.
Der Gute Heinrich enthält Flavonoide, Kaffeesäurederivate und Saponine. Als Heilmittel hat er kaum noch Bedeutung. Früher nutzte man ihn gegen Hauterkrankungen.

Für die Verwendung des Guten Heinrich als sehr schmackhaftes Blattgemüse macht ihn der Gehalt an Vitamin C und Eisen besonders wertvoll. Er sollte aber, wie übrigens alle Wildpflanzen, nicht im Übermaß verzehrt werden.

KORNELKIRSCHE *Cornus mas* L.

Die Kornelkirsche gehört zur Familie der Hartriegelgewächse. Das erkennt man besonders an den Blättern, die ganzrandig sind, deren ovale Form zu einer geschwungenen Spitze ausgezogen ist und die drei bis fünf deutlich sichtbare Nervenpaare zeigen.
Die Kornelkirsche ist in Südeuropa heimisch, in unseren Breiten findet man sie gelegentlich verwildert oder als Überreste von früheren Hecken, recht oft aber in Parkanlagen und Gärten. Die Kornelkirsche bildet übrigens das härteste Holz, das es bei uns gibt, und darauf wird häufig auch der Name zurückgeführt. Cornus, das Horn, galt als sehr hartes Material, aus dem man besonders dauerhafte Gegenstände herstellen konnte. Das Holz der Kornelkirsche besitzt ähnliche Eigenschaften. Den Namen Kirsche trägt sie von dem glänzend roten Aussehen ihrer Früchte, die zwar auch einen harten Kern haben, aber sonst besonders botanisch keine Gemeinsamkeiten teilen. In ihrer länglichen Form erinnern die Früchte an Oliven, ihr Geschmack ist recht sauer. Deswegen und damit sie sich leichter vom Stiel und Kern lösen, erntet man sie am besten im fast überreifen Zustand, wenn sie dunkelrot und glasig werden. Im September und Oktober ist die beste Erntezeit. Die Kornelkirsche wurde früher als Obstbaum geschätzt; ihre Früchte haben einen sehr hohen Vitamin-C-Gehalt. Heute sind sie völlig zu Unrecht fast in Vergessenheit geraten.

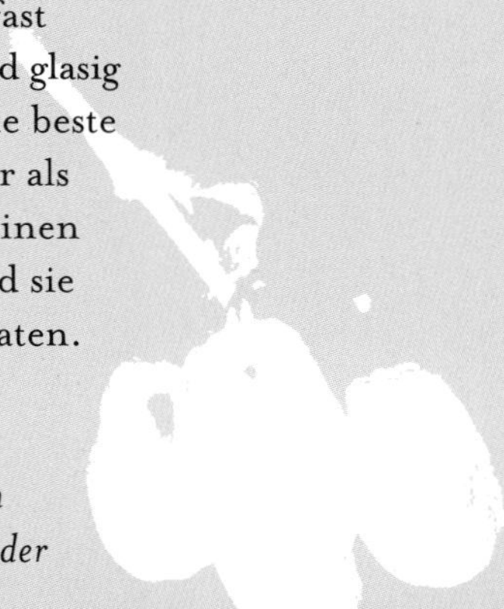

Aus den Früchten der Kornelkirsche lässt sich ein durstlöschender, gesunder Fruchtsaft herstellen, der geschmacklich gut mit anderem Obst harmoniert.
Auch zum Kochen von Konfitüren und Fruchtragouts eignen sich die Kornelkirschen sehr gut. Der Geschmack erinnert etwas an Gummibärchen.

WEISSDORN, MEHLBEERE *Crataegus* L.

Die sehr stark dornigen, bis zu 10 m hohen Sträucher oder Bäume aus der Familie der Rosengewächse sind eine beliebte Brutstätte für unsere heimischen Vögel, denn hier können die Jungen recht sicher vor Nesträubern wie Katzen oder Eichhörnchen aufwachsen. Im Spätherbst bieten die dunkelroten Beeren den Vögeln nahrhaftes, begehrtes Futter.
Man findet den Weißdorn häufig in Gebüschen und Hecken in freier Natur oder in Parkanlagen. Er ist sehr formenreich und wird auch in verschiedenen Zierformen gezüchtet.
Nicht nur in der Volksheilkunde, sondern auch in der modernen Medizin hat Weißdorn einen festen Platz. Das gründet auf seiner Fähigkeit, die Leistungskraft des Herzens zu stärken. Ursächlich dafür sind die sekundären Inhaltsstoffe, besonders Procyanidine, Flavonoide und Catechine. Verwendung finden Blätter, Blüten und Früchte.
Die Blätter sind mehrfach tief gebuchtet, glänzend dunkelgrün und erinnern in ihrer Form etwas an ein kleines Eichenblatt mit gesägtem Rand.
Die Blüten überziehen den Strauch im Mai bis Juni mit vielen Scheindolden in strahlendem Weiß. Sie haben jedoch ganz im Gegensatz zu ihren Verwandten, den Rosen, einen recht unangenehmen Geruch, der durch stinkende Eiweißstoffe verursacht wird. Die Früchte des Weißdorns werden wegen ihres trockenen, mehligen Fruchtfleisches auch „Mehlbeeren“ genannt.

Die Mehlbeeren sind gut zur Verwendung in der Küche geeignet: Man kann sie von Oktober bis in den späten Herbst, auch noch nach dem ersten Frost, sammeln. Sie enthalten sehr viel Pektin, das dabei hilft, Cholesterin abzubauen. Etwas herb im Geschmack, eignen sich die Mehlbeeren wegen ihres hohen Pektingehalts sehr gut zum Andicken von pikanten und süßen Speisen.

DAHLIE *Dahlia* CAV.

In ihrer üppigen bunten Blütenpracht zeigen die Dahlien in unseren Gärten den Herbstbeginn an. Früher nannte man sie auch „Georginen“, den Namen „Dahlie“ erhielten sie zu Ehren des schwedischen Botanikers Andreas Dahl.
Es war das Jahr 1791, als die ursprünglich aus Mexiko stammende Dahlie zum ersten Mal in Europa, und zwar in Madrid, gezogen wurde und auch zur Blüte kam. Seither ist sie eine wahre Spielwiese der Blumenzüchter und bringt in Weiß, Gelb, Lila, Rot bis fast Schwarz, gefüllt, sternförmig oder strahlenförmig ihre unterschiedlich großen Blüten hervor.
Wegen ihrer fleischigen Knollen, die übrigens im Winter ins Haus geholt werden müssen, da sie keinen Frost vertragen, erhoffte man sich ursprünglich ein neues Nahrungsmittel. Wie Topinambur (siehe unter *Helianthus tuberosus*), enthalten sie keine Stärke, sondern Inulin. Es stellte sich aber heraus, dass die Dahlienknollen ungenießbar sind und dass sie auch in keiner Weise als schmackhaftes oder zumindest essbares Gericht zubereitet werden können. So wurde ihnen im Bereich der Blumenzüchtung umso mehr Aufmerksamkeit gewidmet.
Dahlien gehören zu den Korbblütlern und können neben der Korbblütlerallergie auch eine Kontaktallergie auslösen. Personen, die hier Probleme haben, müssen Dahlien meiden.

Seit einiger Zeit hat man den Geschmack der Dahlienblüten entdeckt: Die weißen Dahlienblüten erinnern sehr an Kopfsalat. Bei den roten Blüten, die man auch zum Färben von Lebensmitteln verwenden kann, wird der Geschmack kräftiger, je dunkler die Farbe der Blütenblätter ist. Man verwendet natürlich nur die Blütenblätter, meist als dekorative, geschmacklich interessante Verfeinerung eines Salats.

WILDE MÖHRE *Daucus carota* L.

Die Wilde Möhre gehört zu den *Apiaceae*, den Doldengewächsen, und ist deshalb nur zu sammeln, wenn man sich ganz sicher ist, sie nicht zu verwechseln (siehe unter *Carum carvi*).
Die weißen Dolden der Wilden Möhre haben viele, teils dreiteilige Hüllblättchen, und zwar die gesamte Dolde wie auch die einzelnen kleinen Blütendolden. In der mittleren Dolde, und das ist das Besondere, sitzt eine etwas größere, schwarzrot gefärbte Einzelblüte. Sie dient dem Anlocken von Insekten und hat als „Mohrenblüte" vermutlich der Pflanze ihren Namen gegeben. Die Karotte stammt mehr oder weniger von der *Daucus carota* (daher der Name Karotte) ab. Sie wurde in ihren verschiedenen Formen durch Einkreuzen subtropischer und asiatischer Arten gezüchtet. Man könnte also die Wilde Möhre als die heimische Urform der Karotte bezeichnen.
Der „Mohr" in der Mitte der Blüte ist ein sicheres Unterscheidungsmerkmal zu den anderen Doldengewächsen. Beginnen die Früchte zu reifen, krümmt sich die Dolde zusammen und erinnert in ihrem Aussehen an ein Vogelnest.
Die Pflanze wächst gerne an Straßenrändern und Dämmen, sie wird etwa 1 m hoch und besitzt einen behaarten Stängel. Die Früchte sind borstig stachelig und duften beim Zerreiben sehr aromatisch. Die Pfahlwurzeln sind nicht so orange wie die der Karotte, sondern von fahler, gelblich weißer Farbe. Man sammelt sie am besten im Mai oder im September.
Der wichtigste Inhaltsstoff ist das β-Carotin (Provitamin A), B-Vitamine und wenig Vitamin C. Außerdem enthält die Wilde Möhre in allen Pflanzenteilen ätherisches Öl.

Die Wurzeln der Wilden Möhre verholzen leicht, besonders der innere Kern. Man merkt das beim Schneiden und kann daher von einigen Pflanzen nur den fleischigen äußeren Wurzelteil verwenden.
Auch die Blüten und Blättchen schmecken sehr aromatisch, wobei die Blüte durch ihren exakt geometrischen Aufbau auch das Auge zu erfreuen vermag.
Die Samen, im Mörser angestoßen und in der Pfanne ohne Fett kurz angeröstet, eignen sich sehr gut zum Würzen von Fleisch.

WEIDENRÖSCHEN *Epilobium* L.

Mehrere Arten des Weidenröschens lassen sich in der Küche verwenden, besonders das Kleinblütige Weidenröschen (*Epilobium parviflorum*), das Schmalblättrige (*Epilobium angustifolium*) und das Sumpfweidenröschen (*Epilobium palustre*).
Die Weidenröschen gehören den Nachtkerzengewächsen an und sind weitverbreitet. Sie wachsen gerne an Bächen und Waldrändern, aber auch im Gartenbeet. Das Schmalblättrige Weidenröschen bevorzugt als Standort Lichtungen, die durch Waldeinschläge oder Waldbrände entstanden sind, aber auch Schutthalden. Man kann es auf der gesamten nördlichen Erdhalbkugel finden.
Die Blüten der Weidenröschen sind vierzählig und bilden, besonders bei der schmalblättrigen Art, ein wahrhaftes Farbenkunstwerk in Rottönen. Die weiß glänzenden Samenhaare, die der Windverbreitung dienen, wurden zum Flechten von Kerzendochten verwendet.
Heute findet das Weidenröslein in der neueren Volksmedizin Verwendung als Tee gegen Prostatabeschwerden. Dafür fehlt jedoch jeglicher wissenschaftliche Nachweis. Auch die sekundären Pflanzeninhaltsstoffe geben nicht unbedingt einen Hinweis darauf. Es sind Flavonoide und Gerbstoffe nachgewiesen, bei manchen Arten auch β-Sitosterin; vielleicht erlangt die weitere Forschung in der Zukunft neue Erkenntnisse.
Die jungen Blättchen jedenfalls sind reich an Vitamin C und somit bestens für einen ersten Frühlingssalat nach der langen Winterzeit geeignet. Man sollte darauf achten, dass man die Weidenröschen, auch „Rapunzelchen" genannt, nicht mit anderen, ebenfalls Blattrosetten bildenden Pflänzchen verwechselt, insbesondere mit Vergissmeinnicht, das dieselben Standorte liebt (siehe auch unter *Pulmonaria officinalis*). Die Blättchen des Vergissmeinnicht sind aber wesentlich mehr behaart, sie fassen sich etwas filzig an.

Die zarten Blattrosetten der Weidenröschen haben durch das Vitamin C einen leicht säuerlichen Geschmack. Zugleich schmecken sie auch nussig, was sich durch die Zugabe von Haselnussöl wunderbar unterstreichen lässt.

BUCHE, ROTBUCHE *Fagus sylvatica* L.

Die Buche ist der häufigste Baum unserer Laubwälder und kann ein beträchtliches Alter erreichen. So gesteht man der Buche gut 300 Jahre zu und so manches Naturdenkmal weist ein noch höheres Alter auf. Durch das zarte Hellgrün im Frühling, das satte, dunkel glänzende Grün im Sommer und die ocker- und rotbraunen Töne in Herbst und Winter sorgt die Buche für Farbenspiel im Wald. In ihre glatte, grau glänzende Rinde wurde schon so manches Herz geschnitzt. Das Buchenholz wurde als Kaminholz, zur Möbelherstellung sowie in der Glasindustrie zur Herstellung von Grünglas gebraucht. Ein aus Buchenholz gewonnener Teer wurde als Medizin gegen Hauterkrankungen eingesetzt. Heute sind Teerprodukte aller Art zur medizinischen Verwendung nicht mehr zugelassen.
Die Frucht der Buche, die Buchecker, ist besonders in rohem Zustand leicht giftig. Es gibt hier individuelle Unverträglichkeiten; bei manchen Personen kann bereits eine Handvoll roher Bucheckern Vergiftungssymptome, besonders Magen-Darm-Beschwerden hervorrufen. Während des letzten Weltkriegs wurden die Bucheckern als Nussersatz zum Backen verwendet.
Das aus den Bucheckern gepresste fette Öl ist ungiftig und eignet sich als Speiseöl.

Die frischen, jungen Buchenblätter sind essbar und können klein gehackt mit Butter zu einem Brotaufstrich verarbeitet werden. Der Geschmack ist sehr intensiv, fast streng.
Die Bucheckern lassen sich wie Nüsse verwenden, indem man sie kurz trocken anröstet oder bäckt. Man sollte sie auf alle Fälle nur gegart und in kleinen Mengen verzehren, um keine Vergiftungssymptome zu erleiden.

JAPANISCHER STAUDENKNÖTERICH

Fallopia japonica (HOUTT.) RONSE DECR.

Wie der Name schon sagt, ist der Japanische Staudenknöterich ein Vertreter der Knöterichgewächse, der aus dem ostasiatischen Raum stammt. Er ist ein Neophyt, das bedeutet eine Pflanze, die sich, aus anderen Teilen der Welt kommend, neu in unserem Erdteil verbreitet hat. Man stuft ihn, wie viele andere Neophyten, als problematisch ein, da er sehr anspruchslos ist und sich sehr leicht verbreitet. Dadurch verdrängt er aber die heimische Flora und dies in solchem Maße, dass das natürliche Gleichgewicht stark gestört ist, mit den vielfältigsten negativen Folgen. Man muss also nicht mit einem schlechten Gewissen und der Befürchtung, der Natur zu schaden, kämpfen, wenn man diese Pflanze abschneidet.
Der Japanische Staudenknöterich wird sehr groß, eine Höhe von 3–4 m ist keine Seltenheit. Die gestielten Blätter werden bis zu 20 cm lang. Die Stängel sind hohl und erinnern an Bambus, da sie in Abständen knotige Verdickungen zeigen, an denen sie im Innern quer verbunden sind. Die Stiele sind rund, grün, häufig etwas blau bereift und stellenweise rot gefärbt, als wären sie mit spitzer Feder geritzt worden. Insgesamt sieht die Pflanze fast aus wie ein überdimensionaler Buchweizen, weshalb er oftmals auch als „Japanischer Buchweizen" und wegen seines säuerlichen Geschmacks sogar als „Japanischer Rhabarber" bezeichnet wird.
Bezüglich der Standorte ist der Japanische Staudenknöterich absolut nicht wählerisch. Besonders wohl fühlt er sich an Bachufern, am wenigsten verträgt er Schatten, weshalb er in und an Fichten- und Tannenwäldern kaum anzutreffen ist.
Medizinische Bedeutung hat er im europäischen Raum nicht, obwohl er einen recht interessanten Inhaltsstoff besitzt, das Resveratrol. Es handelt sich dabei um ein pflanzliches Östrogen, weswegen Japanerinnen die Pflanze als hilfreiches Mittel gegen Wechseljahrsbeschwerden schätzen.

Der Japanische Staudenknöterich erfreut sich in der Pflanzenküche immer größerer Beliebtheit und wird dort oft als „Wilder Rhabarber" bezeichnet, was seinen Geschmack sehr gut beschreibt. Er eignet sich zur Bereitung von Süßspeisen ebenso wie zu pikanten Gerichten, die eine fruchtige Note gut vertragen.
Verwendung finden die frischen Triebe, bevor sie holzig werden, als Gemüse. Später im Jahr, bis etwa Mitte Juni, lassen sich noch Speisen bereiten, bei denen die holzigen Anteile durch Passieren entfernt werden. Die Blütchen, die im Spätsommer erscheinen, schmecken auch säuerlich und können zur schmackhaften Dekoration für allerlei Gerichte verwendet werden.

WALDERDBEERE *Fragaria vesca* L.

Die Walderdbeeren haben dreiteilige Blätter mit stark gesägten Rändern und einer behaarten Unterseite. Sie bilden lange oberirdische Ausläufer, mit denen sie sich auch vermehren. Als Mitglied der Familie der Rosengewächse tragen sie im Mai und Juni weiße, fünfzählige Blütenköpfchen, deren Durchmesser etwa 1 cm beträgt.
Sie wachsen an Waldwegrändern, in Gebüschen und in lichten Wäldern. Ihre roten Beeren sind Scheinfrüchte. Die eigentliche Frucht sind die kleinen Nüsschen, die auf dem fleischigen Fruchtboden sitzen.
Die Blätter der Walderdbeeren werden in Tees verwendet. Sie enthalten Gerbstoffe und Kaffeesäurederivate. Für die vielen Anwendungsgebiete, die ihnen nachgesagt werden, gibt es keine gesicherten Nachweise.

Das Aroma der Walderdbeeren ist kräftiger und delikater als das der Gartenerdbeere. Daher eignen sich die kleinen Früchtchen besonders gut, um einem Dessert eine geschmackliche Krönung zu verleihen.
Will man die Früchte konservieren, so darf man sie nicht kochen. Am besten ist ein uraltes, einfaches Hausrezept, das lautet: Auf 500 g Walderdbeeren 500 g Zucker zugeben und eine Stunde lang rühren. Wenn man das Sammeln noch einbezieht, ist dies eine mühselige Angelegenheit, die sich wegen des ausgezeichneten Geschmacks aber allemal lohnt.

ECHTES MÄDESÜSS *Filipendula ulmaria* L.

Aus dem lateinischen Namen lässt sich bereits ableiten, dass die Laubblätter dieser bis zu 2 m hoch wachsenden Staude an das Ulmenblatt erinnern. Bei näherer Betrachtung erkennt man, dass das Blatt unpaarig gefiedert ist, die Einzelblätter wie bei der Ulme gesägt sind und das endständige Blatt tief dreilappig geteilt ist. Das zu den Rosengewächsen zählende Mädesüß ist sehr weit verbreitet, es begleitet die Flüsse und Bäche an ihren Ufern und liebt auch Feuchtwiesen sehr. Während seiner Blütezeit im Hochsommer ist es durch die Vielzahl der großen gelblich weißen Blütenrispen, die einen intensiv süßlichen Duft verbreiten, schon von Weitem zu erkennen.
Der Duft entsteht durch ätherisches Öl; außerdem enthält Mädesüß auch Gerbstoffe, Flavonoide und Salicylate. Wie die Holunderblüten (Fliedertee) werden Mädesüßblüten als schweißtreibendes Mittel bei grippalen Infekten angewendet.
Sein Name hat übrigens nichts mit einem süßen Mädchen zu tun. Man ist sich nicht ganz einig, ob der Wortteil „Mäde“ auf den germanischen Honigwein Met zurückzuführen ist, zu dessen Würze Mädesüß verwendet wurde, oder ob er sich auf das altertümliche Wort „Mede“ bezieht, was Grasland bedeutet und wo beim Trocknen des Heus, der Maht, das Mädesüß für den süßlichen Duft verantwortlich ist. Die englische Bezeichnung „meadow sweet“ lässt sich eindeutig auf letztere Ableitung beziehen.

Mädesüßblüten werden in der belgischen und in der französischen Küche schon lange verwendet. Man nutzt den Vorzug, dass die intensiv duftenden Blüten ihr Aroma leicht abgeben, sei es an Milch oder Sahne, Wasser oder Wein (über Nacht einlegen). Intensiv schmeckende Blütenbowlen und wohlschmeckende Desserts lassen sich daraus zubereiten.

FRANZOSENKRAUT, KLEINBLÜTIGES KNOPFKRAUT

Galinsoga parviflora CAV.

Das Franzosenkraut lässt sich zu den Hackunkräutern zählen, das heißt, sie fühlen sich in Beeten mit häufig aufgehackter, gelockerter Erde besonders wohl. Botanisch gehört es zu den Korbblütlern, den *Asteraceae*. Seine Blütenköpfchen sind sehr klein, etwa 6 mm im Durchmesser, und sie haben nur wenige kurze, weiße Zungenblütenblätter. Die Blätter sind gegenständig und haben eine eiförmige, lanzettähnliche Gestalt.
Man findet das Franzosenkraut in Gärten und Gemüsebeeten, auf Äckern und auf Schuttplätzen. Seine ursprüngliche Heimat ist Südamerika.
Da es sich zur Zeit der Feldzüge Napoleons in Deutschland einbürgerte und erfolgreich verbreitete, schob man kurzerhand, aber zu Unrecht, den Franzosen die Schuld dafür in die Schuhe und gab ihm den Namen „Franzosenkraut".
Medizinisch wird das Knopfkraut kaum verwendet, nur die Homöopathie nutzt es gelegentlich zur Behandlung grippaler Infekte.
Die Inhaltsstoffe sind kaum untersucht. Da es sich um einen Korbblütler handelt, müssen Personen mit einer Korbblütlerallergie dieses Kraut meiden.

Die oberen Blätter des Franzosenkrauts sind sehr schmackhaft und eignen sich gut als Blattsalat. Der Geschmack erinnert sehr an Kopfsalat.

LABKRAUT *Galium* L.

Die verschiedenen Labkrautarten gehören zu den Rötegewächsen (*Rubiaceae*) und besitzen für ihre Familie bezeichnend einen roten Farbstoff, das Alizarin, der aber nicht sichtbar ist.
Das Echte und das Falsche Labkraut schmücken mit ihrem üppigen Blütenflor in Gelb bis Weiß Wiesen und sonnige Böschungen.
Das Kletten-Labkraut, auch „Klebkraut" genannt, bringt nur wenige, ganz kleine weiße Blütchen hervor. Bis zur Blüte kann es als Gemüse geerntet werden, danach wird es holzig. Es besitzt unzählige, winzige Stachelborsten, die das Kraut und seine kugeligen Samen überall anhaften lassen. Man findet es weltweit verbreitet in Unkrautfluren und Hecken. In der Volksheilkunde wurde Labkraut gegen Hautleiden verwendet; man sprach ihm auch eine Wirksamkeit gegen Krebsleiden zu, wofür es jedoch bis heute keine Beweise gibt.

Labkräuter eignen sich wegen ihrer hübschen, duftigen Blütenstände mit starkem Aroma gut zu durststillenden Sommerbowlen. Das Kraut kann als schmackhafte, spinatähnliche Gemüsebeilage gekocht werden.

WALDMEISTER *Galium odoratum* SCOP.; *Asperula odorata* L.

An seinem Aussehen lässt sich sehr gut erkennen, dass er auch zu den Labkräutern gehört. Seine Stiele sind immer aufrecht und er wächst stets mit vielen Artgenossen zusammen, am liebsten in Buchenwäldern. Die Blätter stehen zu sechs bis acht in Quirlen und Ende Mai bilden sich die kleinen weißen Blütchen, bestehend aus einem Trichter mit vierlappigem Rand.
Bekannt ist der Waldmeister wegen seines aromatischen Dufts. Verantwortlich dafür ist der Inhaltsstoff Melilotosid, der beim Trocknen und Welken Kumarin abspaltet und auf diese Weise den Duft entwickelt.
Die medizinische Wirkung des Kumarins ist eine Hemmung der Blutgerinnung. Da das Kumarin relativ stark wirksam ist und mit vielen Medikamenten zu Interaktionen führt, kann es bei reichlichem Genuss von Waldmeister auch zu Kopfschmerzen kommen. Man sollte ihn daher nur genießen, wenn man weiß, dass man ihn gut vertragen kann, und generell auch nicht zu viel und nicht zu oft.
So ist es gut, dass die Ernteperiode keine große Zeitspanne umfasst, denn nur bis zur Blüte hat der Waldmeister den besten Geschmack und ist zart und saftig, danach wird er strohig und rau.

Für die berühmte Maibowle sollte man den Waldmeister welken lassen (10 bis 15 Zweige) und mit einer Flasche Weißwein übergießen, Zucker nach Geschmack zugeben und nur zwei Minuten ziehen lassen, um die negativen Wirkungen des Kumarins zu vermeiden. Dann den Waldmeister entfernen und die Bowle vor dem Servieren mit eisgekühltem Sekt aufgießen.

STORCHSCHNABEL *Geranium* L.

Die langgeschnäbelten Früchte, die in ihrem Aussehen tatsächlich an den langen Schnabel des Storches erinnern, waren der Namensgeber dieser wunderschönen Wiesenblumen. Wild kommen in unseren Breiten sehr viele Storchschnabelarten vor. Sie haben handförmige Blätter, die manchmal sehr tief geteilt sind. Dies ist besonders bei einer der schönsten heimischen Arten, dem blutroten Storchschnabel (*Geranium sanguineum)* der Fall. Er liebt trockene, kalkhaltige Standorte an Gebüschen oder in lichten Wäldern. Wegen der schönen Blüten ist er auch in Gärten anzutreffen. Dort findet man nicht selten auch den Kaukasus-Storchschnabel, der mit seinen lila Blüten eine üppige Blumenpracht in den Garten zaubert und daher auch als „Prachtstorchschnabel" bezeichnet wird.
Die Storchschnabelgewächse enthalten ätherisches Öl, das aber nicht bei allen heimischen Pflanzen als angenehm empfunden wird.

In der Küche werden nur die Blüten verwendet. Die Geranien, die in den verschiedensten Sorten unsere Balkone zieren, gehören gar nicht zur Gattung Geranium, *sondern zu* Pelargonium *(siehe dort).*

ECHTE NELKENWURZ *Geum urbanum* L.

Die Echte Nelkenwurz zählt, auch wenn man es zunächst nicht vermutet, zu den Rosengewächsen. Ihre Blütenzweige entspringen einer Blattrosette mit ungefiederten, teils tief eingebuchteten Blättern. Ihre hellgelben Blüten zeigt die Pflanze von Mai bis August. Sie sind recht klein, ihr Durchmesser ist deutlich geringer als zwei Zentimeter und die fünf Blütenblättchen stehen nicht dicht aneinander, sondern recht locker. Das ist ein deutliches Unterscheidungsmerkmal zu ähnlichen, gelb blühenden, aber giftigen Pflanzen wie beispielsweise dem Hahnenfuß.

Man kann die Nelkenwurz sehr häufig finden, besonders liebt sie Laubwälder und Parks. Hat man sie einmal im Garten, so wird man sie nur schwer wieder los. Das liegt an ihren Klettenfrüchten: Die einzelnen Samen besitzen an der Stelle, wo beim Löwenzahn das Schirmchen sitzt, einen Widerhaken, mit dem sie sich an das Fell von Tieren anheften, um so bestens verbreitet zu werden. Strümpfe, Hosenbeine und Rocksäume bleiben natürlich ebenso wenig verschont; gelangen die Samen auch noch in der Wohnung auf Teppiche oder Polster, so kämpft mancher Staubsauger vergebens.

Es ist sicher kein allzu großes Vergehen an der Natur, wenn man, um ein Überhandnehmen im Garten zu vermeiden, mehrere Pflanzen ausreißt. Aber wegwerfen sollte man sie nicht, denn gerade die Wurzeln lassen sich gut verwenden.

Hat man eine Pflanze aus der Erde gezogen, so erkennt man einen kleinen, dicklichen, senkrechten Wurzelstock, aus dem sich wie ein Haarschopf viele kleine Würzelchen verteilen. Diese kleinen Wurzeln sind es, die in der Küche hauptsächlich Verwendung finden und die teilweise heute noch in der Medizin angewendet werden, besonders in der Volksmedizin. Sie enthalten Gerbstoffe und ein ätherisches Öl, das der Pflanze ihren Namen gab. Es duftet ähnlich wie die Gewürznelke, und früher hat man dieses damals sehr teure orientalische Gewürz damit gestreckt.

In der Volksmedizin nutzt man die adstringierende Wirkung der Gerbstoffe zusammen mit den antiseptischen Eigenschaften des Eugenols, des Hauptbestandteils des ätherischen Öls, beispielsweise für Mund- und Gurgellösungen oder als Badezusatz für Teilbäder gegen Frostbeulen oder Hämorrhoiden.

Im kulinarischen Bereich schätzt man das sanfte Nelkenaroma, das sich besonders durch das Trocknen der Würzelchen entwickelt. Man verwendet die Nelkenwurz zum Aromatisieren von Kräuterlikören und Saucen, und sie ist ein hervorragender Begleiter zu Wildgerichten.

GLADIOLE *Gladiolus* L.

Die Gladiolen zählen zu den beliebtesten Sommer-Schnittblumen und werden von den Blumengärtnern auf großen Feldern gezogen. Sie zieren heimische Gärten mit ihren Blüten in den wunderschönsten Farben von Weiß bis Hellgelb, verschiedenen Lachstönen, über Rot bis Violett. Diese Prachtexemplare haben ihren Ursprung in Afrika. Ihre Knollen sind wie die der Dahlien (siehe unter *Dahlia*) sehr frostempfindlich und man muss sie über den Winter aus der Erde nehmen und frostsicher aufbewahren.
Die Gladiolen haben auch eine einheimische Vertreterin, die man vereinzelt in Süddeutschland finden kann. Es ist die Sumpf-Siegwurz. Sie ist etwas kleiner im Wuchs und hat rotviolette Blüten. Die Blätter haben die typische, an ein Schwert erinnernde Form. Auf sie geht auch der Name zurück. Die Germanen sollen sie aufgrund ihrer Wuchsform als Sieg bringendes Kraut mit in die Schlacht genommen haben.
Wer eine Siegwurz findet, möge sich an dem wunderschönen Anblick erfreuen. Auf keinen Fall aber darf er an seinen Speisezettel denken und auch nur das kleinste Teilchen pflücken! Die Siegwurz ist vom Aussterben bedroht und steht unter strengstem Naturschutz.

Die Blütenblätter der Gladiolen sind essbar. Wer sie kostet, erlebt einen ganzen Akkord an Geschmack. Das Aroma erinnert im ersten Moment an einen knackigen Kopfsalat, wird dann nussig und zuletzt aromatisch scharf. Erstaunlicherweise spielt die Farbe der Blüten beim Geschmack eine Rolle: am besten einfach probieren. Gladiolenblüten sind eine schöne, aromatische Zugabe zu Salaten, zu Suppen oder als hübsche Unterlage für kleine Vorspeisen.

GUNDELREBE, GUNDERMANN *Glechoma hederacea* L.

Die Gundelrebe, eine alte Arzneipflanze, die medizinisch heute keine Bedeutung mehr hat, gehört der Familie der Lippenblütler an, einer Pflanzenfamilie, zu der eine Vielzahl von aromatischen Gewürz- und Heilpflanzen zählt. Ihre Eigenart ist es, als sogenannten sekundären Pflanzenstoff ätherisches Öl zu bilden; dies ist ein Stoff, den die Pflanze zwar zum Leben nicht unmittelbar bräuchte, den sie aber entwickelt, um besser überleben zu können. Bei ätherischem Öl hat dies zum Beispiel die Funktion, durch den Duft Insekten zur Bestäubung anzulocken oder auch Schadinsekten vom Fraß abzuhalten, wie das beim scharf schmeckenden Menthol in der Pfefferminze, auch einem Lippenblütler, der Fall ist.
Die Gundelrebe bildet sehr lange, kriechende Ausläufer mit kleinen Würzelchen, sodass sie, dem Efeu ähnlich, als Bodendecker auftreten kann (daher der lateinische Name „*hederacea*"). Nur zur Blütezeit im April bis Juni bildet sie aufrechte Triebe von etwa 10 cm Höhe. In den Achseln der rundlich-nierenförmigen Blättchen stehen die hellvioletten Blüten, nicht mehr als zwei bis drei zusammen. Die Blütenfarbe und die nur wenig beisammenstehenden Blüten sind ein Hauptunterscheidungsmerkmal zum Kriechenden Günsel, der auch essbar ist, aber kein ätherisches Öl, dafür viele Bitterstoffe enthält.
Die Gundelrebe wächst in Gärten und im Freiland, unter Hecken und auf schattigen Wiesen. Sie enthält hauptsächlich ätherisches Öl, Rosmarinsäure und Flavonoide.
Man sollte nicht allzu viel davon essen, sondern die Gundelrebe nur als Gewürz einsetzen. Beim Menschen sind zwar noch keine Vergiftungserscheinungen festgestellt worden, für Nagetiere sind die Blätter der Gundelrebe giftig.

Die jungen Blättchen der Gundelrebe eignen sich sehr gut als Salatwürze. Auch zum Aromatisieren von Kräuterlimonaden eignet sich die Gundelrebe mit ihrem würzigen, leicht harzigen Geschmack sehr gut. Die Blütchen sind eine hübsche Dekoration.

TOPINAMBUR, KNOLLIGE SONNENBLUME

Helianthus tuberosus L.

Man nennt sie auch „Diabetiker-Kartoffel", denn die im Spätherbst ausgegrabenen Wurzelknollen enthalten keine Stärke, das heißt, sie sind zuckerneutral, dafür enthalten sie aber das Polysaccharid Inulin, zu dessen Gewinnung sie auch herangezogen werden. Außerdem enthalten sie Aminosäuren, Vitamine und Mineralien.
Die Topinambur ist ursprünglich nicht bei uns zu Hause. Sie wurde als Zierpflanze zu uns gebracht, deshalb findet man Topinambur oder eine der vielen ähnlichen Züchtungen oft in alten Gärten. Verwildert wächst sie an Flussufern, Bahndämmen und Schuttplätzen, aber auch an Waldrändern, denn sie dient den Jägern als Futterpflanze für das Wild.
Ihre Blätter fassen sich sehr rau an, sie sind spitz eiförmig und stehen sich bis zur Mitte der Pflanze hin paarweise gegenüber. Im Gegensatz zur Sonnenblume sind ihre Blüten nicht nickend, sondern aufrecht, mit gelben Zungen- und gelben Röhrenblütenblättern. Sie erreichen einen Durchmesser bis maximal 15 cm.
Wer die Topinamburwurzel isst, sorgt für eine gesunde Darmflora, denn bei der Verdauung kommt es zur Vermehrung der körpereigenen Bifido-Bakterien.

Die Topinamburwurzel lässt sich ähnlich der Kartoffel einsetzen. Ihre Garzeit ist wesentlich kürzer und sie hat nur einen sehr schwachen Eigengeschmack, sodass man sie auch gut als Träger von (exotischen) Gewürzen verwenden kann.
Die Blüten schmecken recht bitter, weswegen man sie kaum verwendet – allenfalls und sparsam die Zungenblütenblätter, nur zur Dekoration.

TAGLILIE *Hemerocallis* L.

Die Taglilie ist nicht ursprünglich bei uns beheimatet, sie fand aus dem asiatischen Raum über England ihren Weg nach Mitteleuropa. Heute kann man sie in ganz Deutschland, wenn auch nur vereinzelt, wild finden. Man sollte sie aber unbedingt dort stehen lassen und nichts von ihr sammeln. Das Sammeln sollte sich auf den Garten beschränken, denn als Zierpflanze verschönert sie unsere Gärten. Sie liebt feuchte Standorte und ihre Blüten sind echte Sonnenkinder. Die einzelne Blüte ist nur einen Tag offen und hat so der Pflanze ihren Namen gegeben.
Da sich die Taglilien nicht nur über ihre Samen, sondern besonders über unterirdische Triebe verbreiten, kann man sich den Genuss gönnen, die Knospen und Blüten als Gemüse zu verzehren.
Die Pflanze wird gut 1 m hoch. Sie hat viele schmale parallelnervige, grundständige Blätter. Die Blüten stehen in unregelmäßigen Trauben. Die Farben variieren je nach Züchtung von Hellorange bis zu verschiedenen Brauntönen. Die hellorangefarbene Variante stammt aus Ostasien, wo sie auf Feldern im großen Stil angebaut wird. Man schätzt sie in ihrer Heimat sehr und verwendet sie vielseitig: Die Blätter werden in der Medizin als Kräftigungsmittel und Jungbrunnen eingesetzt (sie enthalten Vitamin A und C und Saponine mit stärkenden und hormonstimulierenden Eigenschaften). Die frischen Knospen und Blüten sind ein beliebtes Gemüse. Getrocknet werden die Blätter zum Flechten von Sandalen verwendet.

Taglilien schmecken sehr würzig und brauchen nur in Öl kurz angeschwitzt zu werden. Echte Feinschmecker sollen sogar einen Geschmacksunterschied zwischen den zartgelben und rötlichen Arten feststellen.

WIESEN-BÄRENKLAU *Heracleum sphondylium* L.

Der Wiesen-Bärenklau, ein wild wachsender Vertreter der Doldenblütler, ist weißblühend und relativ groß (bis etwa 1,50 m). Seine Blätter sind mehrfach gefiedert, borstig behaart und wirken lappig. Sie erinnern an Pfoten von Bären und haben der Pflanze ihren Namen gegeben. Die Stängel sind hohl und furchig und tragen steife Borsten. Die Früchte sind flach und segeln im Wind. Auffallend sind die aufgeblasenen Blattscheiden. Größte Vorsicht ist geboten, um den Wiesen-Bärenklau nicht mit seiner direkten Verwandten, der zu Recht berüchtigten Herkulesstaude (Riesen-Bärenklau, *H. mantegazzianum*), zu verwechseln: Diese ist noch größer und ihre Blätter wirken nicht so lappig. Die Herkulesstaude wurde als Zierstaude bei uns eingeführt und ist als recht lästiger Neophyt bei uns verwildert. Sie lässt sich nur schwer ausrotten und überwuchert die Pflanzenarten in ihrer Umgebung. Im Umgang mit der Herkulesstaude ist große Vorsicht geboten, da bei Berührung und gleichzeitiger Sonneneinstrahlung mit sehr unangenehmen, starken Hautreizungen zu rechnen ist. Deshalb sollte diese Pflanze nur mit Handschuhen angefasst werden. Zurückzuführen ist das auf Furokumarine, die in der Herkulesstaude enthalten sind. Auch Bärenklaupflanzen enthalten Furokumarine, allerdings meist in geringerer Konzentration. Man sollte vorsichtig sein. Und generell dürfen ausschließlich junge Blätter und Triebe geerntet werden, denn diese sind ungiftig und können zur Zubereitung köstlicher Gerichte verwendet werden.

Das enthaltene ätherische Öl verleiht etwa einem mit jungen Blättern versetzten Kartoffelpüree einen köstlichen Geschmack. Die jungen Blütentriebe lassen sich auch gut als Gemüse zubereiten. Die Samen gelten mancher Literatur nach als giftig. Man sollte daher besser auf den Verzehr verzichten, auch wenn die unreifen Früchte ein hervorragendes Aroma besitzen, das an Kardamom erinnert. Es sind auch viele Bitterstoffe enthalten, die sich nur schwer unterdrücken lassen.

HOPFEN *Humulus lupulus* L.

Der Hopfen ist eine zweihäusige Pflanze, das heißt, er bildet eine männliche und eine weibliche Pflanze aus, wie es bei Hanfgewächsen, zu denen der Hopfen zählt, gewöhnlich der Fall ist. Nur die weiblichen Pflanzen tragen die Hopfenzapfen, die bei den Brauern und Hopfenbauern „Trauben" genannt werden. Männliche Pflanzen werden aus dem Anbau ferngehalten, da sie den Ernteertrag schmälern.
Wilder Hopfen wächst besonders in Auwäldern oder er rankt an Büschen und Bäumen entlang eines Baches oder Flusses. Seine Klimmhaare, mit denen er sich um alles Fassbare schlingt, haben so feste Widerhaken, dass sie die Haut aufreißen können. Deshalb sehen Hände und Arme der Hopfenpflückerinnen während der Erntezeit völlig zerschunden aus.
Die wichtigste Verwendung des Hopfens ist natürlich die Bierherstellung.
Medizinisch wird der Hopfen, häufig auch in Verbindung mit Baldrian, als schlafförderndes Mittel eingesetzt.
Die wichtigsten Inhaltsstoffe werden in Harzdrüsen gebildet, die unter den Deckblättchen der weiblichen Blütenzapfen sitzen. Es sind dies besonders ätherisches Öl und Hopfenbitterstoffe. Diese Bitterstoffe sind sehr aromatisch und ausschlaggebend für den Geschmack des Bieres. Schließlich haben sie auch antibakterielle Eigenschaften und tragen dazu bei, dass das Bier länger haltbar ist.

Hopfen treibt im Frühling sehr üppig aus. Die frischen Triebe, besonders wenn sie noch ganz hell sind und kaum aus der Erde spitzen, können wie Spargel geerntet werden und sie werden auch genauso zubereitet, sowohl als Gemüse als auch als Salat. Hopfensprossen gelten als Delikatesse, und während der Saison werden sie manchmal auf Märkten angeboten. Ein leicht bitterer Geschmack lässt sich durch Erwärmen teilweise abmildern.

JOHANNISKRAUT *Hypericum perforatum* L.

Um kaum eine Pflanze ranken sich auch heute noch mehr Geschichten von Hexen und Druden als um das Johanniskraut. Es ist eine altbekannte Heilpflanze, die ihre Blüten um den Johannitag herum, zur Sommersonnenwende, entfaltet und – in dieser Nacht gesammelt – die stärkste Heilkraft entwickeln soll.

Auch in der modernen Medizin hat das Johanniskraut seinen festen und berechtigten Platz gefunden. Es ist nachweislich wirksam bei leichteren Formen der Depression und nervöser Unruhe. Dazu muss es aber in hoher Konzentration und über einen längeren Zeitraum eingenommen werden.

Wegen seines harten, fast verholzten Stieles wird das Tüpfel-Johanniskraut, der bekannteste einheimische Vertreter der Johanniskrautgewächse, auch als „Hartheu" bezeichnet. Man findet es auf Ackerrainen, an Weg- und Straßenrändern und auf trockenen, mageren Wiesen. Seine kleinen, länglich-eiförmigen Blättchen sind durchscheinend getüpfelt. Wenn man sie gegen das Licht hält, wird dies sichtbar; die Blättchen wirken perforiert, daher der lateinische Name „perforatum".

Die Blüten stehen in lockeren Trugdolden, ihre gelben Blütenblätter sind am Rand mit kleinen schwarzen Punkten verziert.

Die Hauptwirkstoffe des Johanniskrauts, die Hypericine, wirken auch fotosensibilisierend, weswegen man Johanniskrautpräparate nicht bei starker Sonneneinstrahlung anwenden sollte. Die Hautrötungen, die dadurch entstehen könnten, sind aber nicht dauerhaft, sie gehen mit der Zeit wieder zurück.

Setzt man 150 g frische, blühende Johanniskrautzweige mit ½ l Olivenöl in einem Einweckglas an, so entsteht daraus rotes Johanniskrautöl (Rotöl). Stellen Sie das Einweckglas dicht verschlossen etwa 8 Wochen an ein sonniges Fenster, bis das Öl darin eine intensiv rote Farbe angenommen hat. Danach kann man es filtern und in dunkle Flaschen umfüllen, um die Haltbarkeit des Öls zu verlängern.

Die Anwendung des Johanniskrautöls ist vielseitig. Es ist auf alle Fälle ein hervorragendes Körperpflegeöl bei trockener Haut und ein schöner Farbtupfer auf einem Salatteller. Das rote Johanniskrautöl sollte nur tropfenweise verzehrt werden, da es sonst zu Wechselwirkungen mit verschiedenen Arzneimitteln kommen könnte.

DRÜSIGES SPRINGKRAUT *Impatiens glandulifera* ROYLE

Das Drüsige Springkraut wird auch Indisches Springkraut genannt. Das deutet auf seine Herkunft hin, denn es wurde ursprünglich bei uns als Zierpflanze angebaut, die aus Indien und dem Himalaja kommt. Sein englischer Name „himalayan balsam" bezeichnet zudem noch die Pflanzenfamilie, in die es einzuordnen ist, nämlich die der sogenannten Balsaminengewächse. Inzwischen ist das Drüsige Springkraut zu einem Neophyten geworden und bedenklich, weil es dort, wo es wächst, die heimische Vegetation verdrängt. Selbst die Brennnessel weicht vor dem Springkraut zurück.
Die Pflanze liebt besonders feuchte Standorte, daher ist die Verbreitung in Auwäldern und an Fluss- und Bachufern besonders stark. Das Springkraut kann eine beträchtliche Größe entwickeln, eine Höhe von 2,5 m ist keine Seltenheit. Die Blätter und Stängel sind mit Drüsen besetzt, die balsamisch, aber recht unangenehm riechen. Dafür ist der Duft der Blüten sehr fein, das Aroma erinnert an frische Pflaumen. Auch die Form der Blüten, deren Farbe von Weiß über verschiedene Rosa- und Lilatöne bis Purpur reicht, ist sehr hübsch. Daher hat das Drüsige Springkraut in manchen Gegenden auch den Namen „Emscher-Orchidee" oder „Orchidee des kleinen Mannes". Den Namen Springkraut hat es, weil bei leichtester Berührung die Samenkapseln aufspringen und ihren Inhalt weit verschleudern.
Als Heilpflanze wird das Drüsige Springkraut nicht genutzt. Blätter und Stiele sind leicht giftig und können in größerer Menge und besonders bei Kindern Erbrechen auslösen.

Während Stiele und Blätter leicht giftig sind und Übelkeit und Durchfälle hervorrufen können, kann man die Blüten bedenkenlos essen und als spätsommerlichen Schmuck für Salate und Desserts verwenden. Sie schmecken knackig frisch.

(WEISSE) TAUBNESSEL *Lamium (album)* L.

Die Taubnessel, eine Vertreterin der Lippenblütler (*Lamiaceae*), sieht mit ihren Blättern der Brennnessel oft täuschend ähnlich. Es fehlen ihr aber die Brennhaare und so brennt sie nicht bei Berührung, im Gegenteil, sie ist eine angenehm weiche Pflanze.

Es gibt viele Taubnesselarten, die alle gerne Unkrautfluren bewachsen oder unter Büschen zu finden sind. Die Blütenfarbe zeigt oft Purpurtöne, aber auch gelbe Blüten (Goldnessel) und selbstverständlich weiße kommen vor. Die Blüten stehen in Scheinquirlen um den kantigen Stiel. Am häufigsten findet man die Weiße Taubnessel, die auch in der Medizin genutzt wird. In der Küche kann man alle Taubnesselarten verwenden. Die Blüten der Weißen Taubnessel sind Bestandteil von beruhigenden Tees. Im frischen Zustand werden sie gerne von Kindern aus ihrem Kelch gezogen und der mit süßem Nektar gefüllte Schlund der Blüte wird ausgesaugt.

Die Taubnessel enthält Schleimstoffe, Gerbstoffe, Saponine und wenig ätherisches Öl, weswegen man sie als schleimlösendes Mittel einsetzen kann. Die in der Volksheilkunde verbreitete Verwendung bei Frauenleiden ist in ihrer Wirkungsweise noch nicht aufgeklärt.

Die frischen oberen Triebe der Taubnesseln lassen sich als Gemüse, für Suppen und auch als Salat gut verwenden. Die Blüten harmonieren wegen ihres süßlichen Geschmacks sowohl mit Salaten als auch mit Süßem.

MARGERITE, WUCHERBLUME *Leucanthemum vulgare* DC.

Die Wucherblume ist landläufig unter dem Namen „Margerite" sicher besser bekannt, auch wenn in der Botanik die Bezeichnung Wucherblume bevorzugt wird. Sie ist eine beliebte Sommerblume, die in keinem Wiesenblumenstrauß fehlen darf. Ihre lang gestielten, einzeln stehenden Blütenköpfe lachen so freundlich, als hätten sie die ganze Sonne des Frühsommers eingesammelt.

Da Wucherblumen ihre Blütenköpfe am Abend nicht schließen, wie dies viele ihrer Familienangehörigen tun – beispielsweise das Gänseblümchen oder der Löwenzahn –, und sie zudem als Schnittblumen ziemlich lange halten, sind sie die idealen Sommerblumen für Dekorationen. Als schöne, essbare Dekoration eignen sie sich auch hervorragend in der Küche.

In der Schulmedizin wird die Wucherblume nicht verwendet, in der Volksheilkunde aber gelegentlich zur Behandlung von Wunden.

Sie kommt als typische Wiesenblume sehr häufig vor. Ihre Hauptblütezeit ist Juni bis August. Leider nimmt ihr Bestand immer mehr ab. Das liegt nicht am Sammeln, sondern daran, dass immer mehr Rasen die bunten Wiesen verdrängt und die Wiesen selbst wiederum häufig überdüngt sind, sodass außer Löwenzahn kaum mehr Blumen in diesen Wiesen stehen.

Allergiker müssen vorsichtig sein. Die Margerite ist ein Korbblütler mit einem relativ hohen allergenen Potenzial, auch bei Berührung.

In der Küche verwendet man die Margerite vorwiegend zur Dekoration. Wegen der Bitterstoffe, die in der Pflanze, auch im Blütengrund, enthalten sind, sollte man grundsätzlich nur die weißen zungenförmigen Strahlenblütenblätter verwenden.

JELÄNGERJELIEBER, WALD-GEISSBLATT
Lonicera periclymenum L.

Das Jelängerjelieber ist eine der wenigen echten Lianen, die in Mitteleuropa beheimatet sind. Man findet es an Waldrändern und Gebüschen bis nach Schweden hinauf. Die schlingenden Zweige können eine Länge bis 25 m erreichen. Wegen der exotischen Form der Blüten und ihres aromatischen Dufts wurden viele Abarten für den Garten gezüchtet, die gerne zum Begrünen von Pergola oder Kletterzäunen genutzt werden. Das Jelängerjelieber zählt zu den Giftpflanzen, wenngleich der Gehalt an Alkaloiden gering ist und manche Pflanzen sogar ungiftig sein sollen. Deshalb Achtung: Nur die Blüten sind essbar!

Die Blüten des Jelängerjelieber sind besonders abends intensiv duftend. Das ist auch die beste Sammelzeit. Sie schmecken angenehm süßlich, nach dem in der langen Röhre befindlichen Nektar. Wegen der Giftigkeit der übrigen Pflanzenteile sollte man unbedingt alles Grüne, Kelchblätter, Stiele, Fruchtknoten usw. entfernen und wirklich nur die gelblich weißen Blütenteile verwenden. Diese an einem Sommerabend maßvoll über einen Fruchtsalat gestreut, nachdem die Blüten ihren intensiven, angenehmen Duft verbreiten konnten, ist ein entspannendes Erlebnis.

FLASCHENBOVIST, FLASCHENSTÄUBLING
Lycoperdon perlatum PERSON

Den Flaschenbovist kann man sehr häufig in Laub- und in Nadelwäldern finden. Meist bildet er Gruppen und ist durch die weiße Farbe auf dem dunklen Waldboden sehr auffällig. Er wird nur selten gesammelt, da viele Leute gar nicht wissen, dass er essbar ist. Er ist allerdings nur essbar, solange sein Inneres weiß ist.
Später verfärbt es sich bräunlich und wird zu Sporenpulver. Durch eine runde Öffnung, die sich im Reifezustand bildet, wird das Sporenpulver nach außen entladen, besonders wenn man darauf tritt, was ihm seinen englischen Namen „Devil's Snuff Box" eintrug. Der deutsche Name „Flaschenbovist" leitet sich von seiner Form ab, die einer umgedrehten Flasche ähnelt. Man zählte ihn sehr lange zu den Bauchpilzen, zu denen die Boviste gehören. Heute ordnet man ihn den Blätterpilzen zu, obwohl er keine Lamellen besitzt.

Der Flaschenbovist ist äußerst schmackhaft, wenn er einfach 10 Minuten in Butter gebraten wird. Zuvor muss man die mit perlenähnlichen Tupfen besetzte Haut abschälen, da diese beim Braten hart und zäh wird.

WILDE MALVE *Malva sylvestris* L.

Die Malven zählen zu den ältesten Heil- und Gemüsepflanzen, die sowohl in unserem als auch im asiatischen Kulturkreis anzutreffen sind.
Die Malve durfte in keinem Bauerngarten und keinem Klostergarten fehlen, deshalb findet man sie nicht nur wild an Wegrändern oder auch auf Brachflächen, sondern trifft sie oft verwildert an. Sie bildet eine zweijährige, strauchige Pflanze, die meist aufrecht steht, manchmal auch nieder liegt wie bei ihrer nahen Verwandten, der Wegmalve. Die Blätter sind handähnlich, teilweise eingeschnitten, die Blüten meist rosafarben oder weiß. Eine Besonderheit der Malvenblüten ist, dass Stempel und Staubblätter zu einer Röhre verwachsen sind. Die Samen der Malven haben die Form eines Käselaibes, weshalb sie auch „Käsepappel“ oder in der Schweiz „Käslikrut“ genannt werden.
Die Inhaltsstoffe der Malven sind Schleimstoffe und in den Blüten befinden sich auch Anthocyane. Medizinische Verwendung finden Malvenblüten als Tee bei Husten und Heiserkeit.

Die Blüten aller Malvenarten sind essbar. Wegen der Anthocyanfarbstoffe, die sie enthalten, werden sie auch zum Färben von Lebensmitteln verwendet. Eine besonders schöne, schwarzrote Blütenfarbe gibt es unter den Stockrosen. Sie stehen als Zierpflanzen in den Gärten und gehören zu den Eibisch (Althaea)-Arten der Malven. Will man diese großblühenden Arten zum Füllen verwenden, so muss man die Staubblätter und Stempel vorher vorsichtig herausschneiden.

ECHTE KAMILLE *Matricaria recutita* L.

Die Kamille ist eine der bekanntesten und beliebtesten Heilpflanzen unserer Gegend. Sie wird daher bei uns kultiviert und darf auch seit jeher in keinem Heilkräutergarten fehlen. In der freien Natur findet man sie meist zusammen mit anderen Kamillen- und Chrysanthemen-Arten auf Äckern oder Brachfeldern. Von ihren vielen, teilweise stark ähnlichen Artverwandten unterscheidet sich die Echte Kamille durch den bei voller Blütenreife eiförmig hochgewölbten und hohlen Blütenboden. Ähnlich gewölbt, aber nicht hohl, ist auch der Blütenboden der strahllosen Kamille, die bei Berührung sehr stark den typischen aromatischen Kamillenduft verströmt und daher oft irrtümlich für die Echte Kamille gehalten wird. Sie hat, wie der Name schon sagt, keine weißen Zungenblütenblätter um das Köpfchen und auch wenn sie manchmal sogar stärker duftet, so enthält sie doch wesentlich weniger an Chamazulen, dem wirksamsten und wichtigsten Inhaltsstoff im ätherischen Öl der Kamille.
Dieser Wirkstoff besitzt übrigens eine tintenblaue Farbe und es ist immer wieder faszinierend, wie bei der Destillation der Blüten, die gar keine blaue Farbe erkennen lassen, diese tiefblaue Flüssigkeit herauskommt.
Chamazulen besitzt wundheilende, entzündungshemmende und Magen-Darm-beruhigende Eigenschaften, die die Kamille so wertvoll machen.
Personen mit Korbblütlerallergie sollten nur das reine Destillat verwenden, wenn es sich um eine Pollenallergie handelt, oder vorsichtshalber auf andere Präparate ausweichen.

Frische Kamillenblüten schmecken aromatisch und wegen der Bitterstoffe auch zartbitter. Sie sollten aber nicht erhitzt werden, da man dadurch zwar den Bittergrad mildern kann, sich dabei aber gleichzeitig das wertvolle aromatische ätherische Öl verflüchtigt.

BRUNNENKRESSE *Nasturtium officinale* R.BR.

Die Brunnenkresse ist ein altbekanntes Würzkraut, das man in sauberen Bächen und an frischen Quellen finden kann. Es hat gefiederte Blättchen und schmückt sich mit kleinen weißen Blüten, die eine lockere Traube bilden. Noch bevor das Pflänzchen so richtig zur Blüte kommt, sollte es gesammelt werden, denn sonst könnte der leicht bittere Beigeschmack die recht angenehme Schärfe stören.
Die beste Sammelzeit ist der April und in manchen Jahren auch noch einmal der Spätherbst. Von seinem Doppelgänger, dem Bitteren Schaumkraut (*Cardamine amara*), das der Brunnenkresse im Aussehen und in seinen Inhaltsstoffen sehr ähnlich ist, unterscheidet sich die Brunnenkresse durch kantige, hohle Stängel. Beim Bitteren Schaumkraut sind diese markig gefurcht. Außerdem hat die Brunnenkresse gelbe Staubgefäße, während diese beim Bitteren Schaumkraut violett gefärbt sind.
Die Brunnenkresse enthält Senfölglykoside, Flavonoide und Vitamin C, was ihr eine harntreibende, verdauungsfördernde und schwach antibiotische Wirkung verleiht.
Wegen des Vitamingehalts wurde sie früher gegen die Mangelkrankheit Skorbut eingesetzt.

Aufgrund ihres rettichähnlich scharfen, zartbitteren Geschmacks ist die Brunnenkresse ein pikantes Gewürzkraut für Salate und Suppen.
Ein weich gekochtes oder pochiertes Ei wird durch die Beigabe eines Blättchens frischer Brunnenkresse zur kleinen Delikatesse. Übertreiben sollte man jedoch nicht, da ein übermäßiger Genuss die Magenschleimhaut und auch die Nieren reizen könnte.

ECHTER DOST, WILDER MAJORAN *Origanum vulgare* L.

Der lateinische Name, der übrigens aus dem Griechischen stammt und „Schmuck der Berge" bedeutet, lässt sofort an das aus den Mittelmeerländern bekannte Gewürzkraut Oregano denken. Genau darum handelt es sich, nur wird es in unseren Breiten als alte Heilpflanze genutzt und hatte im Mittelalter den Ruf, gegen Hexen und böse Mächte zu schützen. Seit mindestens 400 Jahren wird es als Gewürzkraut verwendet und auch beschrieben.

Der Dost wächst bei uns auf trockenen Wiesen, besonders gerne an Böschungen und liebt kalkhaltige Böden. Er ist eine sehr aromatische Pflanze, weswegen er auch den Namen „Wilder Majoran" hat. Die Stängel sind recht steif und machen einen fast holzigen Eindruck. Die kleinen Blätter haben eine ovale Form und sind drüsig punktiert. Die kleinen zartlilafarbenen Blütchen, die sich mit vielen purpurnen Tragblättern umhüllen, drängen sich köpfchenförmig zu einem üppigen, doldigrispigen Gesamtblütenstand.

Der Echte Dost enthält viel ätherisches Öl, das mehrere Phenole, besonders Thymol und Carvacrol, beinhaltet und ihm eine antiseptische Wirkung verleiht.

Die Zusammensetzung schwankt stark und hängt vom Standort und von der Witterung ab. Außerdem enthält der Dost noch Gerb- und Bitterstoffe und Vitamin C. In der Volksmedizin wird er bei Verdauungsstörungen eingesetzt.

In der Küche ist der Echte Dost als Gewürzkraut besonders für mediterrane Gerichte bekannt. Da er so aromatisch ist und sich das ätherische Öl in Alkohol löst, eignet er sich auch zur Herstellung von Likören.

Besonders delikat schmeckt er in frischem Zustand, die Blüten sind dekorativ und haben einen würzigen, majoranähnlichen Geschmack; er lässt sich auch trocknen.

WALDSAUERKLEE *Oxalis acetosella* L.

Seine herzförmigen, dreizähligen Blätter, die er zum Schlaf oder bei Berührung auch nach unten klappen kann, sehen den Kleeblättern zum Verwechseln ähnlich. Seine weißen, lila oder rosa geäderten Blüten mit den fünf radial angeordneten, etwa 1 cm großen Kronblättern zeigen jedoch sehr deutlich, dass kaum eine Verwandtschaft zum Klee bestehen kann.
Sauerkleegewächse bilden eine eigene Pflanzenfamilie, deren verschiedenste Arten auf der ganzen Welt anzutreffen sind und als Nutzpflanzen, wie etwa „Oka“ in den Hochanden, oder als Zierpflanzen wie der Glücksklee zu Silvester, aber auch als kaum zu vertreibendes Unkraut wie der bei uns eingeschleppte Hornsauerklee, in Erscheinung treten.
Für die Küche eignen sich die zarten Blätter des Waldsauerklees, der bei uns, wie der Name schon sagt, in Laub- und Nadelwäldern vorkommt. Er braucht nur ganz wenig Sonnenlicht zum Wachsen. Er liebt feuchte Standorte und ist sehr oft in Gesellschaft mit dem Buschwindröschen zu finden. Da sich die Blüten dieser beiden Pflanzen recht ähnlich sehen, könnte eine Verwechslungsgefahr bestehen. Das Buschwindröschen, auch Anemone genannt, ist ein giftiges Hahnenfußgewächs und darf keinesfalls verzehrt werden! Man muss beim Sammeln also genau hinsehen, besonders die Blätter sind deutlich zu unterscheiden. Die beste Sammelzeit ist im Frühling, kurz vor und während der Blütezeit. Später werden die Blätter derber in Geschmack und Konsistenz.
Sauerklee enthält Vitamin C und Oxalsäure. Oxalsäure ist gesundheitlich nicht ganz unproblematisch, da sie zu Nierenreizungen führen kann und für die Steinbildung mitverantwortlich ist. Außerdem ist sie ein Kalziumräuber, weswegen man Kindern den Sauerklee gar nicht oder höchstens in ganz kleinen Mengen geben sollte. Als Ausgleich für das Kalzium am besten Milchprodukte zusätzlich anbieten.
Wer zu Nierensteinleiden neigt, sollte auf Sauerklee ganz verzichten.

Gesunde können den zart sauren Geschmack mit ein paar Blättchen unter einem Wildblattsalat genießen. Auch als Beigabe zu süßen Desserts bildet der Sauerklee einen wunderbar delikaten Kontrast. Wegen des intensiven Geschmacks genügen schon wenige Blättchen, um in den Genuss zu kommen und keine Gesundheitsgefährdung zu riskieren.

KLATSCHMOHN *Papaver rhoeas* L.

Wenn der Mohn Ende Mai bis Anfang Juni seine leuchtend roten Blüten öffnet, ist dies ein untrügliches Zeichen dafür, dass in der Natur der Sommer Einzug hält.
Gemeint ist hier natürlich der Klatschmohn und nicht der Schlafmohn. Aus den Kapseln des Letzteren wird durch Anritzen Opium gewonnen. Verwechslungsgefahr besteht nicht, denn die Blüten des Schlafmohns sind lila bis weißlich und die Pflanze ist nicht behaart, sondern die grünen Pflanzenteile sind glatt und milchig überzogen. Der Klatschmohn dagegen hat behaarte Stiele und zwei borstig behaarte Hüllblätter um die Knospe, die beim Aufblühen wie kleine Schiffchen zu Boden fallen. Das Faszinierendste aber sind seine wunderschönen roten Blüten, die sich leider nicht als Blumenschmuck eignen, denn die bis zu 5 cm großen, zarten, zerbrechlichen Blütenblätter fallen sehr rasch ab. Sie aber sind es, die wir für die Küche haben möchten.
Wie alle Mohnarten, so ist auch der Klatschmohn giftig. Im Gegensatz zu anderen Arten, besonders dem Schlafmohn, enthält er aber keine Opiumalkaloide, sondern nur in geringer Konzentration ein schwach giftiges Mohnalkaloid. Dieses befindet sich überwiegend im weißen Milchsaft und kann bei Kindern, wenn sie an den Stielen kauen oder Samenkapseln schlucken, zu Bauchschmerzen und Erbrechen führen.
Die Blütenblätter hat man früher in Arzneitees und auch als Färbemittel zur Herstellung roter Tinte verwendet. Sie enthalten Anthocyanglykoside und Schleimstoffe.

Die feuerroten Blütenblätter des Klatschmohns schmecken überraschend würzig, erfrischend und leicht säuerlich: Sie sind eine leuchtende essbare Dekoration zu Fisch- und Fleischgerichten.

PELARGONIE, GERANIE *Pelargonium* L'HER. EX AITON

Hier dürfen sich Balkonbesitzer freuen, denn ihr Blütenschatz kann ebenso der Bereicherung der Küche dienen: Bei den Pelargonien dürfte es sich wohl um die gängigste und bekannteste Art der Balkonpflanzen handeln.
Allerdings erreichten sie diese Bekanntheit häufig unter dem nicht ganz richtigen Namen „Geranien". Sie gehören zwar in die Familie der Storchschnabelgewächse (siehe unter *Geranium*), bilden aber eine eigene Gattung, *Pelargonium*.
Die Wildpflanzen, aus denen sie gezüchtet wurden, kommen überwiegend am Südkap von Afrika vor. Heute sind viele hundert Sorten verbreitet. Einer der weltweit größten Züchter mit einem Museum, in dem man 170 Wildarten betrachten kann, befindet sich im Westerwald.
Medizinische Verwendung finden die Pelargonien in Mitteln, die zur Stärkung des Immunsystems verwendet werden.
Weit größere Bedeutung aber haben sie in der Aromatherapie und in der Parfümerie. Aus den Blättern verschiedener Sorten der Duftpelargonien wird das recht teure Geranienöl hergestellt. Je nach Art hat das Öl unterschiedliche chemische Zusammensetzungen und damit auch verschiedene Duftrichtungen. Die bekannteste Art ist *Pelargonium graveolens* mit einem rosenähnlichen Duft. Auch Zitrusfrucht-, Tannen- und Kakaoaromen und viele andere Aromen kann man unter den Duftpelargonien finden.

Die sehr oft leuchtend roten oder rosaroten Blütenblättchen der Pelargonien schmecken angenehm säuerlich auf der Zunge, samtig und zart; sie sind ein wunderschöner Farbtupfer in einem Sommersalat.
Aus den Blättern der Duftpelargonien lässt sich ein Sirup zubereiten, den man für Mixgetränke oder Desserts verwenden kann. Dazu werden die Blätter wie ein Tee mit kochendem Wasser übergossen und mit Läuterzucker zu einem Sirup verarbeitet.

FICHTE, ROTTANNE *Picea abies* (L.) H. KARST

Bei unseren dunklen Nadelwäldern handelt es sich hauptsächlich um Monokulturen aus Fichten. Durch den Klimawandel und das damit verbundene massive Auftreten des Borkenkäfers befürchtet man ein starkes Zurückgehen dieser bisher so häufigen Baumart, ja sogar ein Aussterben. Die Tannen, die man eher in Mischwäldern antrifft, scheinen hier etwas widerstandsfähiger, sind aber insgesamt seltener.
Beide, die Fichte und die Tanne (*Abies alba*), unterscheiden sich durch die Rinde, die bei der Fichte rotbraun, bei der Tanne silbrig glänzend ist; durch die Nadeln, die bei der Fichte schmal und stechend sind, bei der Tanne breiter, weicher, nicht stechend und auf der Unterseite silbrig weiß glänzend. Auch die Zapfen sind unterschiedlich, bei der Fichte hängend und im Ganzen abfallend, bei der Tanne wie Kerzen senkrecht stehend und in einzelnen Schuppen abfallend.
Da beide ungiftig sind, ist bei einer Verwechslung nicht mit gesundheitlichen Beschwerden zu rechnen. Viel schlimmer wäre eine Verwechslung mit der sehr stark giftigen Eibe. Sie wird grundsätzlich nicht so hoch wie Fichte und Tanne und bildet in einigen Landstrichen Unterholz. Häufig wird sie als Zierpflanze in Gärten, Parkanlagen und auf Friedhöfen angepflanzt. Auch zur Bildung dichter Hecken ist sie geeignet. Das augenfälligste Unterscheidungsmerkmal zu den anderen Gehölzen ist die Bildung von roten Beeren, den Beerenzapfen der Eibe. Wenn diese nicht vorhanden sind, was zur Sammelzeit der frischen Triebe meist der Fall ist, so fällt auf, dass die Nadeln wie bei der Tanne weich und dunkelgrün glänzend, aber wesentlich größer und auf der Unterseite matt hellgrün sind. Auch fehlt der typisch harzige Geruch, den man beim Abbrechen eines Zweiges bei Fichte und Tanne wahrnehmen kann. Man sollte nach intensiver Berührung der Eibe die Hände gut waschen, da sie sehr stark giftig ist.
Fichte und Tanne enthalten ätherische Öle, die zu den Monoterpenen zählen und die in Badezusätzen, aber auch in Erkältungspräparaten enthalten sind, denn das Einatmen solcher Monoterpene lindert die Erkältung und sie wirken antiseptisch.
In der Volksmedizin hat man aus den jungen, noch hellgrünen Trieben Hustensirup gekocht. Da die Fichten dort, wo Zweige abgebrochen wurden, nicht mehr weiterwachsen und auch in den Folgejahren nicht mehr austreiben können, ist das Sammeln der Fichtenspitzen verboten worden. Man ist also auf den eigenen Garten angewiesen oder auf Bäume aus Beständen, die zum Einschlag bestimmt sind, wenn man die frischen, jungen Maitriebe sammeln will.

Die Fichtenspitzen haben einen leicht säuerlichen und ein wenig harzigen Geschmack. Zubereitungen daraus eignen sich besonders zu Süßem, da das Aroma erst durch die Zugabe von Zucker richtig zum Tragen kommt.

SPITZWEGERICH *Plantago lanceolata* L.

Der Spitzwegerich ist eine recht unscheinbare, aber sehr häufig vorkommende Pflanze aus der Familie der Wegerichgewächse. Da er bezüglich des Untergrunds nicht wählerisch ist, findet man ihn fast weltweit in Wiesen, an Weg- und Straßenrändern und auf Brachflächen. Zur Blütezeit kann er manchen Pollenallergikern zu schaffen machen. Mit seinen lanzettlichen, relativ schmalen Blättern, die eine grundständige Rosette bilden, fällt er in der Wiese zwischen den Grashalmen nur bei genauerem Hinsehen auf. Die parallelen Blattnerven treten an der Unterseite deutlich hervor und sind besonders bei den zarten jungen Trieben sanft behaart. Die kleinen Blüten bilden eine dicht gedrängte, walzenförmige Ähre, die von den hellgelben Staubgefäßen wie von einem Kränzchen umringt ist. In der Wiese sieht der Spitzwegerich oft dem Mittleren Wegerich sehr ähnlich, unterscheidet sich aber durch die Blattbreite und die Farbe der Staubgefäße, die beim Mittleren Wegerich weiß bis leicht lila gefärbt sind. Für die Küche ist eine Verwechslung nicht schwerwiegend, denn auch der Mittlere Wegerich ist nicht giftig.

Der Spitzwegerich findet seine medizinische Anwendung hauptsächlich als schleimlösendes Hustenmittel. Dies verdankt er seinen Inhaltsstoffen, besonders den Iridoidglykosiden und den Schleimpolysacchariden, daneben enthält er noch Flavonoide, Gerbstoffe, Kieselsäure und Zink. Ein beliebtes Hausmittel ist das Verreiben des Pflanzensaftes aus einem frisch gepflückten Blatt bei Insektenstichen: Juckreiz und Schwellungen lassen sich dadurch meist vermeiden.

Aus Spitzwegerichblättern lässt sich nicht nur Hustensirup herstellen, man kann auch eine köstliche Suppe daraus zubereiten.

BREITWEGERICH *Plantago major* L.

Das Wegerichgewächs Breitwegerich wird in manchen Gegenden auch „Wegetritt" genannt. Dieser Name beschreibt die markanteste Eigenschaft des Breitwegerichs, nämlich seine Trittfestigkeit. Er liebt es geradezu, getreten zu werden, und so ist er am häufigsten auf Wegen, in Trittrasen, zwischen Pflastersteinen und an Straßenrändern zu finden. Seine Blätter bilden eine grundständige Rosette. Sie haben eine breit-ovale Form, die an einen Löffel erinnert. Die Blattadern verlaufen parallel und zeichnen deutliche Rippen. Die Blüten bilden eine sehr lange, schmale Ähre, rund um den Stiel sitzend. Der Breitwegerich zählt zu den Heilpflanzen, die besonders in der Volksheilkunde Verwendung finden. Seine wichtigsten Inhaltsstoffe sind Iridoidglykoside, Schleimstoffe, Gerbstoffe und Mineralsalze. Er wird, ähnlich seinem nahen Verwandten, dem Spitzwegerich (siehe unter *Plantago lanceolata*), gegen Entzündungen der oberen Atemwege eingesetzt, ist aber weniger wirksam als dieser. Der Saft aus den Blättern wird als Entzündungshemmer auf Schürfwunden oder Insektenstiche aufgetragen.

Wegen seiner breiten Blattform eignet sich der Breitwegerich sehr gut zum Ummanteln verschiedener Gerichte. Der leicht bittere Geschmack geht durch das Erhitzen beim Garungsprozess verloren.

PORTULAK *Portulaca oleracea* L.

Portulak bildet eine eigene Pflanzenfamilie. Er zählt zu den zehn schlimmsten Unkräutern weltweit. Bei uns ist er nicht so häufig, da er wärmere Gegenden bevorzugt. Durch Zitronen- und Mandarinenbäumchen oder andere subtropische Topfpflanzen gelangen seine sehr lange keimfähigen Samen aber auch in unsere Erde und bewachsen frisch umgebrochenes Erdreich.
Als Heilpflanze ist Portulak bereits im alten Ägypten und Babylonien beschrieben. Heute ist er diesbezüglich kaum mehr von Bedeutung.
Die verschiedenen Anwendungen, die für ihn beschrieben werden, lassen sich wissenschaftlich nicht belegen. Lediglich der Einsatz gegen Vitaminmangel ist nachzuvollziehen, denn Portulak enthält viel Vitamin C, daneben das Provitamin A und B-Vitamine. Auch Mineralien enthält er eine ganze Menge, außerdem Schleimstoffe und fettes Öl, das ihm den Namen „oleracea" eintrug und das die den Geschmack bestimmende Omega-3-Hepta-Linolsäure enthält.
Portulak wächst meist ausgebreitet und nieder liegend, wenig aufrecht, hat länglich-eiförmige, sattgrün glänzende Blätter, purpurrote, fleischige Stängel und kleine gelbe Blütchen mit fünf Kronblättchen. Bereits im Mittelalter wurde er bei uns als Gemüse angebaut, ist aber in Vergessenheit geraten. Heute wird in den Niederlanden, Frankreich und Südeuropa eine kräftigere, aufrecht wachsende Unterart *Portulaca sativa* im Freiland wie auch in Gewächshäusern als Gemüsepflanze gezogen.

Frische, junge Blätter eignen sich als Salat oder Salatgewürz. Ihr Geschmack ist nussig, würzig, etwas salzig. Ältere Blätter schmecken leicht bitter, können aber als Gemüse verwendet werden, da der bittere Geschmack durch das Erhitzen verschwindet.

PRIMEL, SCHLÜSSELBLUME *Primula vulgaris* HUDS.

Primeln gehören zu den ersten Frühlingsboten und blühen schon, wenn noch Schneereste an den zu Ende gehenden Winter erinnern. Sie sind recht anspruchslos und gedeihen in alten Gärten, wo immer die Samen gerade hingeraten sind, zwischen Steinen, in Treppenfugen und Mauerritzen.
Sie lassen sich leicht in allen Farben und mit langen oder kurzen Stielen züchten und gerne holt man sich nach einem langen Winter ein Stöckchen Primeln mit nach Hause. Man kann es nach der Blüte in den Garten pflanzen, wo es auch weiterwächst und in den folgenden Jahren seine Frühlingsblüten treibt, die sich meist im Laufe der Zeit in die hellgelbe Farbe ihrer Ausgangsform zurückverwandelt.
Die Blüten der Primel sind essbar, doch sollte man bei den Blumen aus den Töpfchen Vorsicht walten lassen und auf den Verzehr verzichten; zum einen, weil Topfpflanzen aus großen Monokulturen meist mit Dünger und vor allem mit Pestiziden belastet sein können, zum anderen, weil man botanisch nicht ganz sicher sein kann, dass man nicht eine Giftprimel gekauft hat. Diese Primelart, *Primula obconica*, stammt aus Zentralasien und wird bei uns als Topfpflanze kultiviert. Ihre Blüten stehen als Dolde auf einem langen Stiel, sie ist rosa bis lila, ihre Blätter sind nicht so glänzend und nicht so gekreppt wie die der Schlüsselblumen oder wie bei den *Primula-vulgaris*-Arten. Die Giftprimel kann eine Primelallergie auslösen, die eine sehr unangenehme, lang anhaltende Hautentzündung mit sich bringt.
In Folge kann man auch auf alle anderen Primelarten allergisch reagieren.
Die bei uns wild wachsende Schlüsselblume *Primula veris* wird medizinisch verwendet. Die Blüten enthalten in den Kelchen Saponine, sonst Flavonoide, Carotinoide und wenig ätherisches Öl. Sie werden zur Schleimverflüssigung bei Bronchitis oder Raucherhusten eingesetzt.

Die Primelblüten sind die ersten essbaren Blüten im Jahr. Sie bilden einen wunderschönen Schmuck auf unserem Frühlingssalat und erfreuen alle Sinne.
Wie bei fast allen Blüten gilt auch hier, dass man sie frisch ernten sollte, von sauberen Stellen, die man gut kennt, denn Blüten sollte man nicht waschen.

SCHLEHDORN *Prunus spinosa* L.

Schon von Weitem fallen sie auf, die schwarzen Schlehdornsträucher, wenn sie sich im Frühling, kaum dass der Schnee geschmolzen ist, mit vielen kleinen Blüten wie eine Braut schmücken. Das Auge freut sich nach dem Winter an diesem ersten Blütenzauber. Wegen der schwarzen Rinde seiner Zweige wird der Schlehdorn in manchen Gegenden auch „Schwarzdorn" genannt.

Die Schlehe, ein Rosengewächs, das viele Dornen trägt, bringt ihre Blüten noch vor den Blättern hervor. Das Sommergrün des Schlehdorns bildet verkehrt eiförmige Blätter mit gesägtem Rand. Man vermutet, dass die Schlehe die Urform des Zwetschgen- und Pflaumen-Obstes darstellt. Ihre Früchte, sie sind kugelrund und blau bereift, sollten spät, erst nach dem ersten Frost geerntet werden. Dann schmecken sie nicht mehr gar so sauer. Den Mund zieht es dennoch zusammen, wenn man sie in rohem Zustand kostet, denn die Schlehe enthält sehr viel Gerbstoff. Daneben enthält sie Vitamin C und rote Farbstoffe, die bei der Herstellung von Wein oder Likör eine wunderschöne, sattrote Farbe bilden. Die Blüten des Schlehdorns enthalten Flavonoide, weshalb sie Erkältungstees beigemischt werden. Zubereitungen aus den Früchten dienen traditionell als Kräftigungsmittel.

Die engen Verwandten, die Wildpflaumen, unterscheiden sich in der Blüte kaum von der Schlehe, die Früchte reifen aber früher, sind gelblich bis rot und wesentlich süßer im Geschmack.

Die Blüten der Schlehen schmecken leicht bitter, die Bitterstoffe werden aber durch Kochen weitgehend zerstört. Würzt man damit eine Sauce, die mit dem Sirup aus Schlehenfrüchten verfeinert wird, ergibt sich ein delikater Geschmack und ein hübscher Anblick. Aus den Schlehenfrüchten kann man einen Wein ansetzen, der nach der Vergärung geschmacklich dem Portwein ähnelt. Die Wildpflaumen lassen sich natürlich zu allerlei Süßem verarbeiten, wie etwa Kompott oder Konfitüre.

LUNGENKRAUT *Pulmonaria officinalis* L.

Das Lungenkraut ist ein recht typischer Vertreter der Raublattgewächse. Man trifft es nicht selten schon im zeitigen Frühjahr in Laubwäldern an. Auffallend sind seine weiß gefleckten Blätter, die man wegen ihrer rauborstigen Oberfläche und Stiele nicht gerne anfasst. Die Blütchen erinnern in ihrer Form an Schlüsselblumen. Sie zeigen sich zuerst rosafarben und verfärben sich dann in Violett- und Blautöne – ein Phänomen, das man in dieser Pflanzenfamilie häufig findet, so etwa beim Vergissmeinnicht. Auch die Inhaltsstoffe des Lungenkrauts weisen auf die Zugehörigkeit zu dieser Pflanzenfamilie hin. Es sind in erster Linie Schleimstoffe, Gerbstoffe und Allantoin. Medizinische Anwendung findet das Lungenkraut kaum noch, insbesondere nicht mehr gegen Lungenkrankheiten. Seinen Namen hat es eher wegen des Aussehens der Blätter, das an Lungengewebe erinnert.

Giftige Pyrrolizidinalkaloide, die leberschädigend und krebserregend sind, wurden im Lungenkraut, im Gegensatz zu anderen „Familienangehörigen", nicht nachgewiesen. Diese Lebergifte aber sind der Grund, warum Zubereitungen aus dem verwandten Beinwell nicht mehr für den inneren Gebrauch als Arzneimittel verwendet werden dürfen. Daher sollte man Beinwell auch in der Küche nicht mehr wie früher, als Gemüse oder Suppe gekocht, verwenden. Auch wenn keine akuten Vergiftungserscheinungen auftreten, eine Gesundheitsschädigung lässt sich insbesondere nach mehrmaligem Verzehr nicht ausschließen.

Beim Lungenkraut braucht man eine Gesundheitsschädigung nicht zu fürchten und kann die hübschen Blütchen mit ihren verschiedenen Farbschattierungen gut und gerne zur Dekoration eines Frühlingssalates nutzen.

SCHARBOCKSKRAUT, FEIGWURZ *Ranunculus ficaria* L.

Eines der ersten Frühlingspflänzchen, das sich nach den Zwiebelgewächsen Krokus und Schneeglöckchen aus der Erde wagt, ist das Scharbockskraut. Seine leuchtend gelben Blüten, die glänzen, als wären sie mit Lack bestrichen, erinnern an Hahnenfuß; und so gibt das Scharbockskraut auch seine Familienzugehörigkeit preis. Es zählt zu den Ranunkeln, den Hahnenfußgewächsen. Die Pflanze duckt sich kriechend an den Boden und wirkt mit ihren runden Blättchen wie eine verkleinerte Ausgabe ihrer Verwandten, der Sumpfdotterblume. Diese erscheint nur kurze Zeit später und beide lieben feuchte Standorte. Man findet das Scharbockskraut in Gebüsch und Auwäldern aber nicht in unmittelbarer Nähe der Gewässer, während die Sumpfdotterblume den direkten Uferbereich bevorzugt.
Nach der Blüte kann man beim Scharbockskraut in den Blattachseln kleine Brutknollen finden, die der Vermehrung dienen.
Scharbockskraut hat einen sehr hohen Gehalt an Vitamin C, weswegen es früher in der Volksmedizin gegen Skorbut eingesetzt wurde.
Es enthält aber auch noch geringe Mengen an Alkaloiden und Saponinen, die es, besonders mit zunehmendem Vegetationsalter, leider auch giftig machen.

Da die zarten, jungen Blättchen vor der Blütezeit sehr viel Vitamin C enthalten und die geringste Konzentration an Giftstoffen aufweisen (Stiele und Blüten zeigen höhere Werte) kann man sie in sehr geringen Mengen als Beigabe in Salaten oder als Brotbelag essen. Es ist aber zu beachten, dass Hahnenfußgewächse allesamt giftig sind, einschließlich der erwähnten Sumpfdotterblume, deren Knospen in ihrem Aussehen sehr an Kapern erinnern und die gelegentlich als Kapernersatz beschrieben werden. In diesem Buch gibt es deshalb kein weiteres Rezept, da man wirklich nur die ganz jungen Blättchen vor der Blüte verwenden sollte – und auch diese nur in geringer Menge und nur bei sicherer Bestimmung.

ROBINIE, FALSCHE AKAZIE *Robinia pseudoacacia* L.

Wenn man bei uns von Akazien-Bäumen spricht, so ist meistens die Robinie gemeint. Sie erinnert, besonders wegen ihrer Dornen und gefiederten Blätter, an Akazien, jedoch gedeihen diese nicht in unserem Klima. Auch die Robinie war ursprünglich nicht bei uns zu Hause, ihre Heimat ist das südliche Nordamerika.
Bei uns wurde die Robinie besonders wegen ihres Nutzholzes kultiviert. Sie ist ein recht schnellwüchsiger Baum, der relativ anspruchslos ist und auch sehr leicht verwildert. Das Holz ist besonders gegen Verwitterung und Fäulnis extrem widerstandsfähig, hart und gleichzeitig biegsam und findet im Schiffsbau, in der Möbelherstellung und im Bogenbau Verwendung. In der Küche, etwa als Schneidebrett, sollte man jedoch kein Robinienholz verwenden. Die Robinie enthält in der Rinde stark giftige Lectine, die herausgelöst werden könnten. Auch die anderen Pflanzenteile sind giftig, insbesondere die Samen. Durch das Kauen können besonders bei Kindern schwere Vergiftungen mit Magen- und Bauchkrämpfen und Erbrechen auftreten.
Essbar sind die in Trauben herabhängenden weißen, stark duftenden Blüten, die der Robinie in manchen Gegenden den Namen Silberregen gegeben haben. Man fand zwar auch darin gelegentlich ein toxisches Lectin, aber nur in ganz geringer Konzentration.

Die Blüten kann man zum Würzen, Ausbacken oder zur Herstellung eines sehr aromatischen Blütensirups verwenden. Aus Sicherheitsgründen sollte man keinesfalls schon abblühende Blüten verwenden. Auch Stiele und andere Grünteile dürfen nicht mitgegessen werden.

HUNDSROSE, HECKENROSE, HAGEBUTTE *Rosa canina* L.

Die Hundsrose oder auch Heckenrose ist die heimische, wilde Vertreterin der edelsten und am meisten verehrten aller Blumen. Sie wächst an Wegrändern, Böschungen und Hecken und will weder ihre aromatisch süß duftenden Blüten noch ihre roten Früchte, die Hagebutten, gerne hergeben. Sie wehrt sich dagegen mit ihren unzähligen Dornen, die übrigens eigentlich keine Dornen, sondern Stacheln sind, denn sie lassen sich relativ leicht abbrechen und entspringen nicht, wie echte Dornen, dem Mark des Zweiges. Ihre zartrosa Blüten mit fünf herzförmigen Kronblättern bringt sie nur einmal im Jahr, nämlich im Juni, hervor – ganz im Gegensatz zu ihren edlen Artgenossinnen, die bis zum Wintereinbruch immer wieder neue Blüten tragen. Nur manchmal besinnt sie sich bei einem besonders langen Altweibersommer noch einmal und treibt neben ihren Früchten ein paar verspätete Blüten. Der zarte Duft der Blüten kommt vom ätherischen Öl, das sehr viele Rosenarten enthalten. Das sehr teure und begehrte Rosenöl wird überwiegend aus der Damaszener-Rose gewonnen, die in Bulgarien, in der Türkei und in Frankreich angebaut wird, um aus den Blütenblättern durch Destillation das wertvolle Öl zu erhalten. Man braucht etwa drei Tonnen Blüten zur Gewinnung von nur einem Liter Rosenöl!

Die Früchte der wilden und halbwilden Rosen, die Hagebutten, enthalten sehr viel Vitamin C und bilden daher den Hauptbestandteil der Früchtetees, die man besonders im Winter zur Stärkung der Abwehrkräfte trinken sollte.

Neueste Studien haben ergeben, dass Hagebuttenextrakt eine positive Wirksamkeit bei rheumatischen Beschwerden aufweist. Man führt diese Wirkung auf den Gehalt von Galaktolipiden zurück. Ein zugelassenes Medikament gibt es allerdings noch nicht, dazu müssen die Sicherheit und Unbedenklichkeit erst noch näher untersucht werden.

Die Blütenblätter der Rosen, auch der Edelrosen, sind essbar und erfreuen sich als Schmuck immer größerer Beliebtheit. Manche Arten schmecken leicht bitter, man sollte daher erst den Geschmack testen und gegebenenfalls den meist weiß oder hell gefärbten Blattgrund herausschneiden, denn dort befinden sich die Bitterstoffe.

Auf gar keinen Fall darf man Blüten einfach beim Floristen kaufen und auf den Tisch bringen, denn gerade Rosen sind häufig stark mit hochgiftigen Chemikalien behandelt. Um sicher zu sein, dass es unbehandelte Rosen sind, auf den eigenen Garten zurückgreifen.

Die Hagebutten eignen sich sehr gut zur Konfitürenherstellung, auch als Zugabe zu Fruchtsäften, oder zum Verfeinern und Andicken von Saucen. Der Geschmack ist durch das Vitamin C leicht säuerlich und sehr apart.

SAUERAMPFER *Rumex acetosa* L.

Ein auch in Frankreichs Küchen nicht unbekanntes Wildgemüse ist der Sauerampfer, der in die Familie der Knöterichgewächse gehört. Er ist sehr häufig in Wiesen und Unkrautgesellschaften zu finden und vom Bauern gar nicht geschätzt, da er das Futtergras aus der Wiese verdrängt und im Heu von den Tieren gemieden wird.
Seine schmalen, fleischigen Blätter sind meist pfeilförmig ausgebildet und schmecken, wie der Name schon sagt, sauer. Die rötlichen Blüten stehen in lockeren Scheinrispen an blattlosen Stängeln.
Der Sauerampfer enthält Oxalsäure und viel Vitamin C, beide sind für den sauren Geschmack verantwortlich. Daneben findet man noch Gerbstoffe und Flavonoide.
In der Volksmedizin wird er als entschlackendes Mittel eingesetzt, und so werden auch in der Küche die jungen Blättchen bevorzugt zur Frühjahrskur genutzt, sei es als Suppe, Salat oder als Beigabe in einer Sauce.
In jüngerer Zeit findet man auf dem Markt auch Sauerampferzüchtungen für den Garten, darunter auch rotlaubige Sorten, die den Salat bunt schmücken. Der Geschmack kann variieren.
Die Blätter lassen sich über längere Zeit hinweg immer wieder ernten.
Wegen des Gehalts an Oxalsäure sollte man Sauerampfer nicht in allzu großen Mengen genießen, um eine Oxalat-Vergiftung zu vermeiden. Wer zur Bildung von Nierensteinen neigt, für den ist der Sauerampfer leider tabu.

Sauerampfer ist eine sehr vielfältig einzusetzende Wildpflanze, die man als Zusatz zu Suppen, Saucen und Gemüsen wie auch im Salat oder auch alleine verwenden kann. Eine Sauerampfersauce schmeckt besonders delikat zu Fischgerichten.

WIESENSALBEI *Salvia pratensis* L.

Seit sich die mediterrane Küche in unseren Breiten großer Beliebtheit erfreut, konnte der Salbei sein Schattendasein als unbeliebtes, übel und bitter schmeckendes Arzneimittel zu Mundspülungen und zum Gurgeln beenden. Als aromatisches Gewürzkraut hat er Einzug in die gehobene Küche gehalten und darf in keinem Kräuterbeet mehr fehlen. Die Gärtner taten ihr Übriges dazu, durch Züchtungen in verschiedenen Farben und mit besonders großen Blättern, den Salbei auch als Gartenschmuck zu gestalten. Überwintern kann man ihn allerdings nur an sehr geschützten Stellen und es erfordert einige Geschicklichkeit, den Salbei bei uns über längere Jahre hinweg durchzubringen. Die diversen Arten des Küchensalbeis wurden vom medizinischen Salbei, *Salvia officinalis*, gezüchtet, einer Art, die im Mittelmeergebiet heimisch ist. Auch Griechischer Salbei, Lavendelsalbei oder der Dreilappige Salbei werden bei uns angebaut, es sind dies alles mediterrane Arten, die von Spanien und rund um das Mittelmeer bis zur Türkei zu finden sind. Bei uns heimisch ist der Wiesensalbei. Er liebt trockene, sonnige Wiesen mit einem kalkhaltigen Untergrund. Dort verschönert er von Mai bis Juli unsere Landschaft mit seiner üppigen, sattblauen Blütenpracht und bildet einen herrlichen Farbkontrast zu seiner Gesellschafterin, der Margerite. Im Gegensatz zu seinen mediterranen Verwandten, die man in der Medizin als antiseptisches Gurgelmittel und innerlich als Mittel gegen übermäßiges Schwitzen einsetzt, findet der Wiesensalbei keine medizinische Anwendung.

In der Küche lässt sich der Wiesensalbei ähnlich verwenden wie der Küchensalbei. Er hat zwar dieselben Inhaltsstoffe wie der Küchensalbei, nämlich Bitterstoffe und ätherische Öle, aber in wesentlich geringerer Konzentration, sodass der Geschmack auch bei Weitem nicht so intensiv ist. Die Blätter sind recht derb und sollten, wenn man sie in rohem Zustand verzehren will, nur ganz jung gesammelt werden.

SCHWARZER HOLUNDER *Sambucus nigra* L.

Der Schwarze Holunder, ein teilweise baumähnlicher, bis zu 8 m hoch werdender Strauch, ist bei uns recht bekannt und in ländlichen Gegenden mit manchem Kult verbunden. Er ist vielseitig verwendbar, seine Blüten und seine Früchte kommen traditionell in der Medizin und in der Küche zur Anwendung.
Im Sommer trägt er fünf- bis siebenzählige unpaarig gefiederte Laubblätter. Seine weißen bis gelblichen Blüten bringt er im Juni hervor. Sie stehen in Trugdolden und erzeugen viel gelben Blütenstaub. Oft verstecken sich kleine schwarze Käferchen in den Scheindolden, die vor der Verwendung in der Küche sorgfältig abgeschüttelt werden müssen. Waschen nützt meistens nichts, auch sollten die Blüten wie fast alle zum Verzehr verwendeten Blüten, nicht gewaschen werden.
Der Geruch der Blüten wie auch der Geruch frisch gepflückter, zerriebener Blätter ist für den Holunder charakteristisch und kann als Identifizierungsmerkmal herangezogen werden. Ein weiteres Erkennungsmerkmal ist das weiße, styroporähnliche Mark der Zweige.
Im Herbst werden die zunächst grünen Früchte des Holunders schwarz glänzend und die feinen Stielchen der Blütenrispe verfärben sich dunkelrot. Die Holunderbeeren, in manchen Gegenden auch „Fliederbeeren“ genannt, sind botanisch gesehen eigentlich keine Beeren, sondern kleine Steinfrüchte. Ihre Form ist von Strauch zu Strauch verschieden, von kugelrund bis oval.
Zu finden ist der Schwarze Holunder weitverbreitet in Hecken, an Waldrändern, auf Kahlschlägen. Als Stickstoff liebende Pflanze sucht er die Nähe von Bauernhöfen oder auch aufgelassenen Gehöften, und so ist Holunder eine Zeigerpflanze für ehemalige Besiedlung.
In der Medizin finden die Blüten wegen ihres Gehalts an ätherischem Öl, an Flavonoiden und Kaffeesäurederivaten Anwendung als schweißtreibender Tee bei fieberhaften Erkältungskrankheiten. Die Früchte enthalten neben Flavonoiden auch Vitamine, Fruchtsäuren und Anthocyane. Ihr Saft wird als Kräftigungsmittel verwendet, wobei man die antioxidative Wirkung (Verlangsamung des Alterungsprozesses der Zellen) nutzt.

Die Blüten können zum Ausbacken der bekannten „Hollerküchel“ verwendet werden, wobei darauf zu achten ist, dass die Stiele nach dem Backen abgeschnitten werden. Sie enthalten wie Blätter und Rinde des Holunders Giftstoffe. Auch Holundersekt oder Liköre sowie Sirup lassen sich aus den Blüten herstellen.
Die Früchte können zur Zubereitung als Kaltschale, Saft, Mus, Sirup und Likör verwendet werden. Dabei ist es wichtig, dass die Früchte abgekocht sind, denn rohe Früchte in größeren Mengen sind giftig und führen zu Übelkeit, Erbrechen und Durchfällen.

GROSSER WIESENKNOPF *Sanguisorba officinalis* L.
PIMPINELLE, KLEINER WIESENKNOPF *Sanguisorba minor* SCOP.

Der Große Wiesenknopf zählt zu den Rosengewächsen, obwohl es die Form der Blüten zunächst gar nicht vermuten lässt. Sie stehen am Ende der Stiele dicht zusammengedrängt zu einem dunkelrotbraunen, walzenförmigen, knopfähnlichen Gebilde. Betrachtet man ihn näher, so fallen die wunderschön gleichmäßig gefiederten Blätter auf. Die Einzelblättchen sind nicht selten 15 und mehr an der Zahl, oval und gleichmäßig gezähnt. Man findet den Großen Wiesenknopf sehr häufig auf nährstoffarmen, sauren Wiesen und seine Blütezeit ist der Spätsommer.
Medizinische Verwendung findet er heute kaum mehr, allenfalls zu Mundspülungen. Wegen seines hohen Gerbstoffgehalts wurde er früher als blutstillendes Mittel besonders bei starken Regelblutungen angewendet. Daher kommt auch der lateinische Name „Sanguisorba", was übersetzt „blutaufsaugend" heißt. Der Zusatz „officinalis", den man bei vielen Pflanzen antrifft, weist auf die frühere heilkundliche Verwendung hin, die „Officin" ist auch heute noch der Verkaufsraum der Apotheke.

In der Küche verwendet man die zarten jungen Blätter als Gewürzkraut für Salate. Die Blüten sind ebenfalls essbar und man kann sie als adretten Farbtupfer beliebigen Gerichten beifügen.

Der Kleine Wiesenknopf sieht seinem direkten Verwandten, dem Großen Wiesenknopf, sehr ähnlich und zählt wie dieser zu den Rosengewächsen. Er ist, wie der Name schon sagt, insgesamt etwas kleiner und die kugeligen Blütenköpfchen sind grün, rötlich überlaufen.
Er liebt trockene Standorte und so findet man ihn in Trockenrasen und an Wegrändern. Oftmals wird er auch im Kräuterbeet kultiviert. Dort trägt er manchmal den Namen „Pimpernelle" oder „Falsche Bibernelle", was sehr leicht zu Verwechslungen mit der echten Bibernelle führen kann. Die Bibernelle gehört zu den Doldenblütlern und trägt zur Blütezeit weiße Blütendolden. Ihre Blätter sehen denen des Kleinen Wiesenknopfs zum Verwechseln ähnlich. Aus den Wurzeln der Bibernelle wird der bekannte Bibernelllikör hergestellt.

Die zarten, gefiederten Blätter des Kleinen Wiesenknopfs haben einen nussigen Geschmack und eignen sich hervorragend zur Beigabe in einen Kräutersalat. Reicht man ihn zur Vorspeise, so lässt sich seine appetitanregende Wirkung gleich mit nutzen.

Großer Wiesenknopf

FETTE HENNE, FETTHENNE *Sedum telephium* L.

Sie wächst an Feldrainen und Gebüschsäumen, auf Felsfluren und auch oft und gerne im Staudenbeet in Gärten. Das Bezeichnende dieser Pflanzen sind die dickfleischigen Blätter. Diese sind es auch, die in der Küche genutzt werden. Die kleinen Blütchen stehen dicht gedrängt zu einer Scheindolde und haben eine rosa bis purpurrote Farbe. Mit gelblichen Blüten kann man auch die Unterart *Sedum maximum*, die Große Fetthenne, finden, deren Blätter und Blüten ebenfalls essbar sind.
Als Inhaltsstoffe sind besonders organische Säuren und Schleimstoffe zu nennen. Medizinische Verwendung findet die Fetthenne heute kaum mehr. Lediglich in der Volksmedizin wendet man den frischen Presssaft als Wundheilmittel und bei Schwellungen an.

Die frischen Blätter haben einen leicht säuerlichen Geschmack und lassen sich angenehm knackig kauen. Sie sind eine erfrischende, würzige Beigabe zu einem bunten Sommersalat.

KANADISCHE GOLDRUTE *Solidago canadensis* L.

Die sehr oft aus Gärten verwilderte, gut 1 m hoch wachsende, gelb blühende Blume des Spätsommers findet man sehr häufig auf Schuttplätzen oder in Auwäldern. Die zahlreichen kleinen, nur etwa 3 mm großen Blütenköpfchen stehen am Ende der Stiele in Rispen, die eine Dreiecksform bilden. Die zahlreichen Blätter sind schmal lanzettähnlich mit ganz fein gesägten Rändern, gelegentlich auch ganzrandig.
Goldrute wird medizinisch wegen ihrer harntreibenden und schwach krampflösenden Wirkung eingesetzt. Diese ist zurückzuführen auf den Gehalt an Flavonoiden und Triterpensaponinen. Daneben enthält die Goldrute auch ätherisches Öl und Kaffeesäurederivate, die für ihren aromatischen Geschmack mit verantwortlich sind.
Da sie zu den Korbblütlern gehört, müssen Personen mit einer Korbblütlerallergie mit Vorsicht an die Pflanze herangehen.

Die kleinen Blütenrispen verschönern manches Gericht, ob süß oder pikant. Sie tragen durch ihren würzigen, aromatischen Geschmack zur Verfeinerung bei. Manchmal schmecken sie auch zartbitter; solange man nicht zu viel verwendet, ist das aber nicht weiter störend, eher ganz im Gegenteil.

KRAUSE GLUCKE *Sparassis crispa* FRIES

Die Krause Glucke ist bei uns nicht in allen Gegenden bekannt, während sie dagegen in den USA und in Australien unter dem Namen „White Fungus“ sogar kultiviert und gehandelt wird.
Als Verwandte der Korallenpilze und der Ziegenbärte erreicht sie eine beträchtliche Größe, sodass der Fund eines einzigen Pilzes bereits eine gute Mahlzeit abgeben kann. Die Form ist blumenkohlähnlich und erinnert an einen Badeschwamm. Sie wächst bevorzugt in Kiefernwäldern, wo sie sich auf deren Wurzeln setzt.

Wer es geschafft hat, den Pilz mit seinen vielen Verästelungen von Sand, Nadeln und Erde zu befreien, darf sich auf einen kulinarischen Hochgenuss freuen. Das knorpelige, weiß bis gelbliche Fruchtfleisch hat einen angenehmen Biss und einen sehr charakteristischen, würzigen Geruch und Geschmack.
Die Krause Glucke kann gebacken oder gebraten werden, aber auch blanchiert und als Salat mit Salz, Pfeffer, Zwiebeln, Essig und Öl angemacht schmeckt sie köstlich.

VOGELMIERE *Stellaria media* L.

Dass sie zu den Nelkengewächsen gehört, sehen ihr nur Botaniker an. Sie ist ein sehr verbreitetes, fast auf der ganzen Welt zu findendes Unkraut, das aus den Gemüse- oder Blumenbeeten kaum zu verdrängen ist. Man zählt sie zu den Hackunkräutern. Die Pflanze ist ein recht zerbrechliches Kraut, vom Grund an stark verzweigt kriechend mit behaarten Stängeln und kleinen spitz eiförmigen, fast herzförmigen Blättchen. Die kleinen weißen Blütenblättchen sind nur etwa 3 mm lang und so tief geteilt, dass man bei oberflächlicher Betrachtung eines für zwei ansehen könnte. Diese Eigenart teilt sie mit vielen verwandten Arten, mit denen sie auch verwechselt werden könnte. Sie unterscheidet sich aber durch ihre Blattform und durch ihren Geschmack.
Geerntet werden kann die Vogelmiere fast das ganze Jahr: Sie treibt schon sehr früh aus und wächst bis in den späten Herbst.
Ihren Namen hat sie übrigens davon, dass sie ein bei vielen Vogelarten sehr begehrtes Kraut ist. Die Vogelmiere enthält reichlich Vitamin C und auch relativ viel Kalium. In der Volksmedizin schätzt man sie wegen ihrer beruhigenden Wirkung auf irritierte Haut.

In der Küche wird Vogelmierenkraut roh verwendet, zum Beispiel in Salaten oder als Frischkäse-Kräuterbällchen. Der Geschmack erinnert sehr stark an frischen Mais, weshalb Vogelmiere hervorragend mit Geflügel wie Poularde, Wachtel oder Stubenküken harmoniert.

TAGETES, STUDENTENBLUME

Tagetes erecta L. und *Tagetes patula* L.

Mit Tagetes können alle, die keinen Garten besitzen, aber einen Balkon oder eine Terrasse mit Sommerblumen schmücken wollen, einen leicht zu ziehenden, lange und dankbar blühenden Sommerflor erreichen und gleichzeitig damit ihr Kräuterbeet erweitern.
Die aus Mittelamerika und Mexiko stammenden Tagetes werden mittlerweile in mehr als 30 verschiedenen Sorten angeboten. Sie werden überwiegend aus den oben erwähnten Arten gezüchtet, das Farbenspektrum der Blüten reicht von Hellgelb bis Rotbraun. In ihrer Form erinnern die Blüten, besonders die gefüllten Formen, an die Gartennelke. Sie sind aber nicht mit den Nelken verwandt, sondern gehören in die Familie der Korbblütler (daher bitte Vorsicht bei einer Korbblütlerallergie).
Die Tagetesblüten haben einen sehr hohen Gehalt an Lutein. Das ist ein Carotinoid, das unentbehrlich und wesentlich am Sehvorgang im Auge beteiligt ist. Man erhofft sich durch die Gabe von Lutein auch ein Verhindern oder Hinauszögern der Macula-Degeneration.
Außerdem ist Lutein ein gelber Lebensmittelfarbstoff (E 161b) und ein Futtermittelzusatz, besonders zu Geflügelfutter, weil dadurch die Eidotter eine kräftig gelbe Farbe bekommen.

Tagetes haben einen sehr würzigen, pfefferigen Geschmack. Da die Blätter mancher Arten etwas streng riechen, was teilweise als unangenehm empfunden wird, werden für die Küche oft nur die Blüten eingesetzt.

LÖWENZAHN *Taraxacum officinale agg.*

Der Löwenzahn, die Pusteblume, hat in manchem Kinderlied, in Versen, Reimen und Geschichten ihren Platz gefunden.
Zur Hauptblütezeit im Mai lässt er die Wiesen goldgelb erstrahlen und verrät, dass der Frühling seinen Höhepunkt erreicht hat und der Sommer nicht mehr weit ist.
Seinen Namen verdankt er seinen Blättern, die, in grundständiger Rosette stehend, so tief gesägt sind, dass sie entfernt an das Gebiss eines Raubtiers erinnern.
Der weiße Milchsaft, der in Wurzel, Stielen und Blättern fließt, verfärbt sich an der Luft schwarz und schmeckt recht bitter. Diese Bitterstoffe regen die Sekretion der Verdauungssäfte an, wirken appetitanregend und durch die Anregung der Galle lässt sich schweres Essen leichter verdauen. Da der Löwenzahn recht viele Mineralstoffe, besonders Kaliumsalze, enthält, wirkt er außerdem leicht entwässernd.
Das macht ihn insgesamt zu einem idealen Mittel für die Frühjahrskur. Im Herbst gesammelte Wurzeln enthalten Inulin wie die Topinambur (siehe unter *Helianthus tuberosus*) und können geröstet als Kaffeeersatz verwendet werden.
Als Korbblütler darf auch hier der Warnhinweis für Allergiker nicht fehlen, auch wenn das allergische Potenzial beim Löwenzahn relativ gering ist.

Die zarten Blättchen im Frühling eignen sich bestens als appetitanregender Salat. Wer es weniger bitter mag, kann den Löwenzahn vorher kurz mit warmem Wasser waschen, das entfernt einen großen Teil des bitteren Geschmacks, allerdings leider auch einen Teil der wertvollen Vitamine.
Die Blüten lassen sich zu einem goldgelben Saft pressen oder auch zu Gelee verarbeiten, wenn man sie aus den Kelchen schält. Die Blütenblätter sind auch eine dekorative Beigabe zu Fruchtgelees.

ROTKLEE, WIESENKLEE *Trifolium pratense* L.

Der Rotklee ist ein Mitglied der Familie der Schmetterlingsblütler und hat, wie übrigens viele Vertreter dieser Pflanzenfamilie, die Eigenschaft, Stickstoff aus der Luft aufzunehmen und dem Boden als Dünger zuzuführen. Er ist eine sehr geschätzte Futterpflanze und bereichert Geschmack und Nährwert des Wiesenheus.
Als Inhaltsstoff besitzt er Genistin, ein pflanzliches Östrogen, das man auch in der Sojabohne findet. Die Wissenschaft ist dabei, genauer zu erforschen, welche Wirkungen und auch Nebenwirkungen dieser Stoff hat.
In der Volksheilkunde wurde der Rotklee gegen Keuchhusten verwendet.

Die Blütenköpfchen des Rotklees schmecken wegen des ätherischen Öls und des Nektars angenehm süßlich. Der Nektar sitzt im Gegensatz zum Weißklee (siehe unter Trifolium repens*) sehr tief am Blütengrund und kann daher nicht von Bienen, sondern nur von Hummeln erreicht werden, sodass die Bestäubung fast ausschließlich durch Hummeln erfolgt.*

WEISSKLEE *Trifolium repens* L.

Der Weißklee ist sehr widerstandsfähig und besonders trittfest, weswegen man ihn auch häufig an Wegrändern antrifft. Man zählt ihn zu den in Deutschland am weitesten verbreiteten Pflanzen. Die Blüten, die in Köpfchen auf langen Stielen stehen, senken sich, wenn sie abgeblüht sind, nach unten. Deshalb sieht man oft Blütenstände mit bräunlichem unterem Rand.
Wie der Rotklee, so ist auch der Weißklee eine sehr gute Futterpflanze. Im Gegensatz zum Rotklee ist der Weißklee auch für Bienen von großer Bedeutung. Aus ihm entsteht der weißlich trübe, cremige Kleehonig.

Die Blütenköpfchen des Weißklees haben einen sehr hohen Nektargehalt und deshalb einen noch süßeren Geschmack als die des roten Wiesenklees (siehe unter Trifolium pratense*).*

KAPUZINERKRESSE *Tropaeolum majus* L.

Schon ihr Name verrät ihren Geschmack; sowohl Blüten als auch Blätter schmecken kresseartig. Der Wortteil „Kapuziner" rührt vermutlich von der Blütenform her, die einen an die Mönchskapuze erinnernden Sporn trägt.
Die Kapuzinerkresse stammt aus Mittelamerika und wurde als Zierpflanze erst in der zweiten Hälfte des neunzehnten Jahrhunderts in unsere Breiten gebracht. Als anspruchslose und sehr leicht zu ziehende Pflanze ziert sie seither unsere Balkone und Gärten. Man sagt ihr nach, dass sie Blutläuse von Apfelbäumen vertreiben kann, weshalb man die Baumscheiben damit bepflanzt. Ihre grau bewachsten, azentrischen Blätter sind schmutz- und wasserabweisend, haben also einen sogenannten „Lotoseffekt". Selbst Graphitpulver soll sich durch die abperlenden Regentropfen abspülen lassen.
Medizinische Bedeutung fand die Kapuzinerkresse in Klostergärten. Dort schätzte man sie wegen ihres Gehalts an Allylsenfölen, die für den Geschmack verantwortlich sind und antibiotisch wirken. Verbunden mit dem sehr hohen Gehalt an Vitamin C ist sie gut geeignet, die Abwehrkräfte des Körpers zu stärken. Sie lässt sich aber nicht trocknen und kann so nur als Frischpflanze verwendet werden. Zu viele frische Pflanzen sollte man nicht essen, da das zu einer Reizung der Magen-Darm-Schleimhaut führt.

Blüten und Blätter der Kapuzinerkresse kann man wegen des scharfen Geschmacks gut in Salaten verwenden. Die in Essig eingelegten Blütenknospen und ebenso die jungen Früchte sind ein Kapernersatz und werden auch als falsche Kapern bezeichnet.

HUFLATTICH *Tussilago farfara* L.

Huflattich ist ein weiterer Vertreter der recht zahlreichen Familie der Korbblütler, der Asteraceae (früher Compositae).
Er ist eine robuste, anspruchslose Pflanze, liebt Schuttplätze und überwuchert sie ebenso rasch wie Straßenböschungen.
Seine kleinen, nur etwa 2–3 cm großen gelben Blütenköpfchen stehen mit ihren unzählig vielen kleinen Strahlen wie kleine Sonnen auf senkrechten, kräftigen Stielen, die mit Schuppenblättchen besetzt sind. Sie zählen zu den allerersten Frühlingsblumen und erscheinen, lange bevor die Laubblätter sprießen.
Diese können eine beachtliche Größe erreichen und so zahlreich wuchern, dass sie große Flächen völlig überdecken. Sie sind großlappig herzförmig, an ihrer Unterseite silbrig und filzig behaart, an der Spitze leicht gezähnt. Sie enthalten viel Schleimstoffe, weswegen sie früher gerne als Hustenmittel eingesetzt wurden. Daneben findet man Flavonoide und Gerbstoffe, aber leider auch – wenn auch nicht in höherer Konzentration – Pyrrolizidinalkaloide, die giftig für die Leber sind und krebserregend sein können. Deshalb wurde die Anwendung der Wildpflanze in der Medizin eingestellt, und deshalb sollte man die Blätter heute auch nicht mehr in der Küche verwenden, selbst wenn sich diese wegen ihrer Form hervorragend dazu eignen würden, Risotto, Hackfleisch oder andere Köstlichkeiten darin einzuwickeln, ähnlich wie man auch Weinblätter füllen kann. Zudem besteht bei den Blättern eine relativ hohe Verwechslungsgefahr mit den Blättern der Pestwurz oder auch des Alpenlattichs, die beide noch höhere Konzentrationen der Pyrrolizidinalkaloide enthalten. Die Huflattichblüten dagegen sind aromatisch und weitgehend unbedenklich.
Inzwischen ist es sogar gelungen, Huflattich für Arzneimittelzwecke zu züchten, der frei von den Alkaloiden ist.

Huflattichblätter aus kontrolliertem Anbau können natürlich zu kleinen Rouladen-Spezialitäten verarbeitet werden; bei Wildsammlung sollten nur die Blütchen genommen werden, die man in kleinen Mengen getrocknet als Tee aufbrühen oder frisch als Salatgarnitur essen kann.

GROSSE BRENNNESSEL *Urtica dioica* L.

Die Brennnessel wird als eines der schlimmsten Unkräuter empfunden, nicht nur, weil man sie mit ihren Kriechwurzeln schwer wieder restlos aus dem Garten entfernen kann, sondern besonders wegen ihrer Brennhaare, durch die jede Berührung als schmerzhaft empfunden wird.
Dabei ist sie eine der nützlichsten wild wachsenden Pflanzen. Als Heilpflanze werden Blätter, Samen und Wurzeln verwendet, in der Küche die Samen und jungen Pflänzchen.
Als Wirkstoffe findet man in den Blättern, die als medizinischer Tee wegen der entwässernden Wirkung zur Anwendung kommen, Flavonoide, Kaffeesäureester und Vitamine, in den Brennhaaren sind besonders Acetylcholin, Histamin und Serotonin vorhanden. Bei Berührung brechen die Brennhaare ab und stechen wie eine Kanüle in die Haut, wo sie diese Stoffe ergießen.
Die Wurzeln der Brennnessel enthalten das pflanzliche Hormon Beta-Sitosterol, weshalb man sie gerne als Zusatz in Haarwässer gibt.
Die Brennnesselsamen, die man bei der zweihäusigen Pflanze natürlich nur bei den weiblichen ernten kann, enthalten Schleim und ein fettes Öl mit einem hohen Gehalt an Linolsäure sowie Proteine und Vitamine.
Neben der medizinischen Anwendung als entwässerndes und entschlackendes Mittel wird ein hochkonzentrierter Extrakt zur Behandlung von Rheuma eingesetzt, ein Extrakt aus den Wurzeln zur Behandlung gutartiger Prostata-Beschwerden. Brennnesselsamen wurden besonders früher als allgemeines Kräftigungsmittel verwendet.

In der Küche ist die Brennnessel ein ideales Mittel zur Frühjahrskur. Die ganz jungen Blättchen, bevor die Brennhaare ausgebildet sind, können als Salat oder als Gemüse und natürlich als Suppe zubereitet werden. Die wohlschmeckenden Samen ergeben eine dekorative, würzige Panade, beispielsweise für Fisch oder Fleisch.

PREISELBEERE *Vaccinium vitis-idaea* L.

Die Preiselbeere ist ein immergrüner, verholzender Zwergstrauch, der überall auf der nördlichen Erdhalbkugel zu finden ist, besonders in Nadelwäldern. Da sie zum Tragen und Reifen ihrer Beeren Licht benötigt, bevorzugt sie lichtere Kiefernwälder. Die Beeren stehen in dichten Trauben, zunächst sind sie grün, dann weißlich, schließlich blassrot und im Reifezustand dunkelrot. Sie lassen sich im Keller noch nachreifen. Die Preiselbeeren blühen im Sommer, häufig auch noch im Herbst mit kleinen Glöckchen von weißer bis rosaroter Farbe. Wer ein botanisch geschultes Auge hat, erkennt an den Blüten sehr schnell die Zugehörigkeit der Pflanze zu den Heidekrautgewächsen, den *Ericaceae*. Die ovalen, auf der Oberseite glänzenden Blätter haben einen glatten Rand, der zur Unterseite hin leicht umgestülpt ist. Die Unterseite ist matt hellgrün und mit kleinen braunen Punkten besetzt. Dies ist das Unterscheidungsmerkmal ihrer in den Alpen vorkommenden Doppelgängerin, der Bärentraube (*Arctostaphylos uva-ursi*), einer sehr bedeutenden Heilpflanze zur Behandlung von Harnwegsinfekten. Die Preiselbeere besitzt eine ähnliche medizinische Wirkung, wenn auch etwas schwächer. Verantwortlich dafür sind ihre sekundären Pflanzenstoffe, Flavonoide, Proanthocyanidine und Phenylglykoside, besonders das Arbutin. Gerbstoffe sind für den herben Geschmack verantwortlich.

Wegen ihres herben Geschmacks sind Preiselbeeren im rohen Zustand nicht besonders beliebt. Gekocht eignen sie sich hervorragend als Beilage zu Wildbret, als Geschmacksverfeinerer für Blaukraut, als Zugabe zu fruchtigen Saucen (Cumberland-Sauce), oder auch als Aperitif mit Prosecco.

BACHBUNGE *Veronica beccabunga* L.

Die Bachbunge lebt halb untergetaucht im Wasser in Bächen und Gräben. Besonders in Forellenbächen ist sie eine beliebte Pflanze, da sich an den Blattunterseiten gerne die verschiedensten Larven aufhalten und so den Forellen die Futtersuche leicht machen.

In der Familie der Rachenblütler gehört sie der Gattung des Ehrenpreis *(Veronica)* an und wenn man die Pflanze in ihrer Blütezeit antrifft, ist die enge Verwandtschaft auch sofort erkennbar. Die hellblauen Blütchen haben nur einen sehr kurzen, kaum erkennbaren Rachen mit vier Zipfeln, sodass man meinen könnte, es handle sich um vier ungleich große Blütenblättchen. Sie bilden eine lockere Ähre auf einem relativ langen Stiel, der einer Blattachsel entspringt. Die Blätter sind fleischig und glänzend eiförmig. Zumeist sind sie leicht gekerbt oder ganzrandig und stehen sich gegenüber.

Medizinisch wird die Bachbunge kaum verwendet, nur in der Volksmedizin gelegentlich als leicht entwässernd und abführend. Die Inhaltsstoffe (Flavonoide) sind noch nicht eingehend untersucht. Die frische Pflanze enthält recht viel Vitamin C.

Für die Küche verwendet man die jungen Triebe (möglichst nur die obersten sechs bis acht Blättchen) in Salaten. Der Geschmack ist leicht bitter. Um zu gewährleisten, dass die Pflanze in möglichst reinem, unbelastetem Wasser wächst, sollte man sie nur an den Oberläufen der Gewässer sammeln.

MÄRZVEILCHEN *Viola odorata* L.

Ein beliebtes Kunstobjekt in der Malerei, Dichtung und Musik ist dieses Frühlingsblümchen, das mit seinen dunkelvioletten Blüten einen herrlichen Duft verströmt. Die herzförmigen Blätter werden als grüne Bordüre um das klassische Veilchensträußchen gebunden.
Die Veilchenblüten enthalten das stark duftende ätherische Veilchenöl, in dem sich neben vielen anderen Substanzen auch Zingiberin und Curcumen befinden. Früher wurde aus den Veilchenblüten ein Sirup hergestellt, den man Kindern als Hustensaft gab. Dem Duft wird auch eine beruhigende Wirkung zugeschrieben.
Die übrigen Pflanzenteile des Veilchens, insbesondere die Wurzel, enthalten ein giftiges Alkaloid, das zum Erbrechen reizt.
Die Wurzel des Märzveilchens ist nicht zu verwechseln mit der Veilchenwurzel, die früher in Apotheken zu kaufen war und den Kleinkindern als Zahnungshilfe, sogenannte „Beißwurzel", gegeben wurde. Diese stammt aus dem Wurzelstock der Schwertlilie und erhielt wegen ihres Veilchenduftes den Namen „Veilchenwurzel".

Veilchenblüten eignen sich zum Aromatisieren und Verzieren von Speisen, zu Konfekt, zu Suppen, Salaten und Gelatinen oder Terrinen.
Auch die Blütchen des Hundsveilchens, das etwas später blüht und dessen Blüten heller und ohne Duft sind, lassen sich als essbare Dekorationsblüten verwenden.

STIEFMÜTTERCHEN *Viola tricolor* L.

Wem wird nicht warm ums Herz, wenn ihn das liebe Gesicht eines Stiefmütterchens anlacht? In Gelb, Lila, Rot bis Rotbraun und in Weiß, mit riesengroßen Blüten oder auch mit winzig kleinen, schmücken sie unsere Gärten, Balkonkästen und Terrassen. Sie sind alle gezüchtet aus dem wilden Stiefmütterchen, manchmal auch durch Einkreuzen von Hornveilchen.
Die scharfen schwarzen Linien, die zur Mitte der Blüte hin führen und ihnen diesen freundlichen Ausdruck verleihen, sollen den Insekten den Weg zur Bestäubung der Blumen zeigen. Auch die wilden Formen haben diese Linien. Sie sind typisch für diese Veilchenart, ebenso wie auch die Anordnung der Blütenblätter, die sich teilweise überdecken. Das meist größere untere Kronblatt ist die „Stiefmutter", die ihre beiden Töchter, die seitlich sitzen, überdeckt und diese wiederum überdecken die Stieftöchter, die beiden obersten Blütenblätter. Diese sind beim wilden Stiefmütterchen meist violett, während die anderen Kronblätter überwiegend elfenbeinfarbig sind.
Die wilden Stiefmütterchen sind recht anspruchslos, man findet sie in Wiesen, an Wegrändern und besonders auch auf Brachflächen.
Medizinisch verwendet man das Stiefmütterchen sowohl innerlich wie äußerlich bei schuppenden Hauterkrankungen. Besonders bei Kindern mit Milchschorf hat man gerne ein Stiefmütterchenbad angewendet. Die lindernde Wirkung ist hauptsächlich auf den Gehalt an Salicylsäurederivaten zurückzuführen.

Die Blüten der wilden und der Gartenstiefmütterchen sind essbar. In erster Linie dienen sie sicher dem Schmuck der Speisen, als Freude für das Auge.
Im Mittelalter stellte das Stiefmütterchen das Symbol für gute Gedanken dar. Vielleicht hilft sein Anblick auf unserem Teller, die Hektik des Alltags zu vergessen und das Essen richtig zu genießen.

FISCHFOND

- 300 g Fischkarkassen (am besten vom Steinbutt oder Wolfsbarsch)
- 2 Zwiebeln
- 2 Karotten
- 1 Sellerieknolle
- 1 Knoblauchknolle
- 100 ml Weißwein
- ein Schuss Pernod
- Salz, Pfeffer, Öl

Die Fischkarkassen in etwas Öl anbraten. Das Gemüse waschen, putzen, klein schneiden. Zu den Fischkarkassen geben und kurz mitbraten. Das Ganze mit Weißwein ablöschen und soviel kaltem Wasser auffüllen, dass alles bedeckt ist. Langsam zum Kochen bringen und etwa 15 Minuten sanft köcheln lassen. Durch ein Tuch passieren und mit Salz, Pfeffer und einem Schuss Pernod abschmecken. Bei Bedarf den Fond noch etwas reduzieren lassen.

FLEISCHFOND (RIND)

- 500 g Rinderknochen
- 2 Zwiebeln
- 2 Karotten
- 1 Sellerieknolle
- 1 Knoblauchknolle
- 1 Bund Suppengrün
- 1 Lorbeerblatt
- 2 Zweige Rosmarin
- ein Schuss Sherry oder Portwein
- ¼ TL schwarze Pfefferkörner
- Salz, Öl

Die Rinderknochen mit soviel kaltem Wasser ansetzen, dass es etwas darüber steht, erhitzen und etwa 5 Minuten kochen lassen. Währenddessen das Gemüse waschen, putzen und klein schneiden. Den ersten Ansatz der Knochen wegschütten. Die Knochen mit kaltem Wasser abwaschen und erneut mit soviel kaltem Wasser aufsetzen, dass alles bedeckt ist. Die Hälfte des Gemüses dazugeben. Das restliche Gemüse in einer Pfanne in etwas Öl anrösten und dann mit dem Suppengrün und den Gewürzen ebenfalls zu den Knochen geben. Den Fond etwa 1 Stunde leicht köcheln lassen, durch ein Tuch passieren und zum Schluss mit Salz und einem Schuss Portwein oder Sherry abschmecken.

GEMÜSEFOND

- 2 Tomaten
- 4 Stangen Staudensellerie
- 5 Zweige Petersilie
- 1 Zweig Liebstöckel
- ½ Sellerieknolle
- 1 Knoblauchknolle
- 2 Zwiebeln
- 2 Karotten
- Salz, Pfeffer, Olivenöl

Das Gemüse waschen, putzen, klein schneiden und in einem Topf in etwas Olivenöl anbraten, mit soviel kaltem Wasser aufgießen, dass alles bedeckt ist und 1 Stunde leicht köcheln lassen. Durch ein Tuch abpassieren und mit Salz und Pfeffer abschmecken.

KALBSFOND

- 500 g Kalbsknochen
- 2 Zwiebeln
- 2 Karotten
- 1 Sellerieknolle
- 1 Knoblauchknolle
- 1 Bund Suppengrün
- 1 Lorbeerblatt
- ¼ TL schwarze Pfefferkörner
- 2 Zweige Rosmarin
- Salz, Olivenöl

Die Kalbsknochen mit soviel kaltem Wasser ansetzen, dass es etwas über den Knochen steht und etwa 5 Minuten kochen lassen. Das Gemüse waschen, putzen und klein schneiden. Den ersten Ansatz der Knochen wegschütten. Die Knochen mit kaltem Wasser abwaschen und erneut mit soviel Wasser aufsetzen, dass alles bedeckt ist. Die Hälfte des klein geschnittenen Gemüses dazugeben. Das restliche Gemüse in einer Pfanne in etwas Olivenöl anrösten und danach mit dem Suppengrün und den Gewürzen zu den Knochen geben. Den Fond etwa 1 Stunde leicht köcheln lassen, durch ein Tuch passieren und mit Salz abschmecken.

OXTAIL-FOND

- 1000 g Ochsenschwanzscheiben
- 1 EL Tomatenmark
- 2 Zwiebeln
- 2 Karotten
- 1 Sellerieknolle
- 1 Knoblauchknolle
- 1 Lorbeerblatt
- 5 Wacholderbeeren
- 3 Zweige Thymian
- 50 ml Weinbrand
- Salz, Pfeffer, Öl

Das Gemüse waschen, putzen und klein schneiden. Die Ochsenschwanzscheiben im Topf in wenig Öl anrösten, Tomatenmark kurz mitrösten, Gemüse zugeben und nochmals alles anrösten. Mit Weinbrand ablöschen, die restlichen Zutaten zugeben und mit soviel kaltem Wasser auffüllen, dass alles bedeckt ist. Die Brühe etwa 2 Stunden köcheln lassen, durch ein Tuch passieren und mit Salz und Pfeffer abschmecken.

WILDFOND

- 500 g Knochen vom Wild
- 2 Zwiebeln
- 2 Karotten
- 1 Knollensellerie
- 1 Knoblauchknolle
- 1 EL Tomatenmark
- ¼ l Rotwein
- 1 Lorbeerblatt
- 5 Wacholderbeeren
- 3 Zweige Thymian
- ein Schuss Sherry oder Madeira, Salz, Pfeffer

Die Wildknochen im Topf in wenig Öl anrösten. Gemüse waschen, putzen und klein schneiden. Tomatenmark zu den Knochen geben und kurz mitbraten, Gemüse zugeben und nochmals alles anrösten. Mit Rotwein ablöschen, die restlichen Zutaten zugeben und mit soviel kaltem Wasser auffüllen, dass alles bedeckt ist. Die Brühe etwa 2 Stunden köcheln lassen, durch ein Tuch passieren und mit einem Schuss Sherry oder Madeira, Salz und Pfeffer abschmecken.

REGISTER

Kursive Ziffern verweisen auf den Saisonkalender, gerade auf Rezepte und fett gedruckte auf das Pflanzenporträt.